# David Yonggi Cho

# Modelos para orar

## DEDICADOS A LA EXCELENCIA

© 1995 EDITORIAL VIDA
Miami, Florida 33166

Este libro se publicó en inglés con el título:
*Patterns of Prayer*
por *Seoul Book Center*
© 1993 por *David Yonggi Cho*

Traducción: *Luis Magín Álvarez*

Diseño de cubierta: *Gustavo A. Camacho*

Reservados todos los derechos

ISBN 0-8297-1859-1

Categoría: *Vida cristiana / Oración*

# Índice

# DEDICATORIA

Este libro está dedicado
a las miles de personas que me han pedido
que les dé a conocer mis experiencias
en la oración,
y que les enseñe cómo orar
por más de diez minutos.
Si usted tiene un profundo anhelo
de desarrollar la calidad y la duración
de su oración, así como su comunión y
compañerismo con el Padre celestial,
es mi deseo que este libro
le resulte de bendición!

# PRÓLOGO

## CÓMO ORAR

La oración del cristiano es comunión con nuestro Padre celestial. Cuando el bebé nace, él crece, aprende a hablar y se desarrolla, conversando con sus padres. Y a medida que su comunicación se vuelva más profunda, su compañerismo mutuo será también más profundo.

La fe del cristiano funciona de la misma manera. Recibir a Jesucristo como nuestro Salvador y Señor es un nacimiento espiritual, y el Espíritu Santo comienza a morar en nosotros. Una de las primeras cosas que el Espíritu nos enseña es cómo orar, y a medida que aprendemos más en cuanto a la oración y oramos más y más, nuestra fe en Dios se hace más fuerte y nuestro amor a Dios se vuelve cada vez más intenso en nuestra vida.

Es un hecho que, aunque todos los cristianos creen en Jesucristo, la mayoría de ellos no sabe cómo orar con eficacia. Esta es la razón por la cual no crecen debidamente en su fe y su vida, y su experiencia cristiana se mantiene en una etapa infantil. Por consiguiente, exhorto a todos los cristianos a que aprendan cómo orar.

La mayoría de los cristianos tienen un gran deseo de orar de manera eficaz pero no saben cómo comenzar. También hay muchos que quisieran dedicar mucho más tiempo a la oración, pero no saben cómo hacerlo y, por tanto, se desaniman. Quiero ayudar a esos cristianos a orar bien, y esa es la razón por la cual he escrito este libro.

---

**Una de las primeras cosas que el Espíritu nos enseña es cómo orar.**

---

Cuanto más tiempo dedique a la oración, más profundamente podrá experimentar el mundo espiritual y vivir en él. Hay multitud de cristianos que no son capaces de orar por más de diez o quince minutos. Estos cristianos no pueden imaginarse orando durante media hora, una hora o tres horas. Sin embargo, si la persona practica y se disciplina bien a sí misma, podrá orar durante largos períodos de tiempo.

Deseo que todos los cristianos aprendan a orar con mayor profundidad y durante más tiempo. Cuando yo era un bebé espiritual tampoco podía orar durante mucho tiempo. Sin embargo, al crecer en mi fe cristiana y también por mis años en el pastorado, experimenté períodos más profundos y más largos de oración, y me di cuenta de la importancia suprema de la oración.

A través de la disciplina constante, aprendí a orar por más tiempo y mi vida de oración se volvió más profunda. Cuando inicié una iglesia en 1958, acostumbraba orar unas cuatro veces al día. Esto incluía la oración al despertarme, mi tiempo devocional en la mañana, la oración por la tarde y la oración de la noche. Parecía que estaba orando todo el tiempo. Aún hoy, sigo manteniendo un período de oración, por lo menos, de una a tres horas diarias. ¡Gloria a Dios por esto!

Sin orar como lo hago, no pudiera recibir el poder espiritual suficiente para ministrar a las personas. Es por medio de la oración que el Señor me capacita para poder continuar en el ministerio. Mi esperanza es que los cristianos oren con mayor eficacia y que pasen más tiempo orando intensamente.

¿Cómo puede un cristiano orar tal como debiera? Para orar con intensidad, con mayor eficacia y durante períodos más largos de tiempo como quisiéramos, debemos tratar de descubrir las muchas maneras de orar. Debemos estudiar bien los métodos y planificar nuestras oraciones con toda seriedad. Si no oramos como se debe, jamás podremos orar cómo quisiéramos.

Al darle a conocer varios modelos de mi vida de oración personal, quiero ayudarlo a tener una vida de oración profunda, eficaz y satisfactoria.

# INTRODUCCIÓN

## LA ORACIÓN DE PODER POR EL PACTO DE LA SANGRE

El pacto de la sangre es un fundamento firme sobre el cual podemos edificar nuestra fe y orar eficazmente. La oración que enfrentará las fuerzas de Satanás con poder debe fundamentarse en el pacto de la sangre de Jesucristo. No hay ningún otro fundamento que nos ofrezca la comprensión y la dirección necesarias durante los momentos de pruebas e incertidumbre. La Palabra de Dios es el fundamento que nos hace capaces de comprender el pleno significado del pacto y su importancia suprema para cada creyente. Pero antes que podamos entender cómo este pacto llegó a ser el fundamento de la oración que prevalece, debemos comprender en primer lugar lo que significa un pacto.

## ¿QUÉ ES UN PACTO?

Un pacto es un contrato mutuo entre personas, y en particular entre reyes y gobernantes. Abraham hizo un pacto con Abimelec (Génesis 21:27). Josué hizo un pacto con el pueblo de Dios (Josué 24:25). Jonatán hizo un pacto con la casa de David (1 Samuel 20:16). Acab hizo un pacto con Ben-adad (1 Reyes 20:34). ¿Por qué hubo necesidad de un pacto? Para entender lo que es un pacto, debemos examinar los pactos en los tiempos bíblicos y los numerosos factores implicados con ellos.

---

**El pacto de la sangre es un fundamento firme sobre el cual podemos edificar nuestra fe y orar eficazmente.**

---

La relación de Dios con el hombre siempre ha sido una relación de pacto. Desde su relación con Adán en el huerto del Edén, hasta su relación con la Iglesia en el nuevo pacto, Dios siempre ha especificado las responsabilidades de cada una de las partes en el trato por Él establecido. Esto significaba que si nosotros cumplíamos con nuestra parte del convenio, Dios prometía cumplir con la suya. De igual manera, si quebrantábamos nuestra parte del convenio, obtendríamos los resultados naturales de tal violación. Los pactos de Dios con el hombre siempre han mencionado específicamente las partes relacionadas o los principios, las estipulaciones o promesas mutuas, y las condiciones detalladas.

## *LAS PARTES*

En el nuevo pacto, hecho posible a través de la sangre de Jesucristo que fue derramada, las partes son Dios mismo y la humanidad caída. Por el pecado original de Adán, el hombre cayó de la gracia y el favor divinos. Desde ese día, todos los descendientes de Adán han vivido fuera de la comunión con su Creador hasta hoy, y están perdidos en la inmundicia del pecado. El hombre no es pecador porque peca; peca porque es pecador. Impulsado por el inmerecido amor de Dios, Jesucristo vino voluntariamente a la tierra y tomó la naturaleza humana. Su propósito fue vivir una vida perfecta e inmaculada a pesar de ser hombre en todo sentido.

---

*La relación de Dios con el hombre
siempre ha sido una relación de pacto.*

---

Cristo experimentó en carne propia las tentaciones que enfrenta el hombre, y vivió, sin embargo, una vida perfecta sin pecado, probando así para siempre que al hombre se le dio desde el principio la capacidad de vivir por sobre el pecado. Después, al llevar el pecado del mundo sobre sí mismo, Jesucristo pagó con la muerte cruel sobre la cruz, el precio por el pecado del hombre. Por su muerte, Jesús expió el pecado del hombre. Así, la ira y el juicio de Dios por el pecado fueron satisfechos, y se hizo posible para el hombre un nuevo y vivo acceso a la presencia de Dios.

En el pacto de Dios con Israel, Moisés fue el mediador. A él se le dio la responsabilidad de explicar al pueblo, en nombre de Dios, lo que implicaba el pacto.

---

**El hombre no es pecador porque peca;**
**peca porque es pecador.**

---

En el nuevo pacto de sangre, Jesucristo se convirtió en el mediador entre Dios y el hombre. Él es el mediador entre los firmantes del nuevo acuerdo. La carta a los hebreos examina los dos pactos y establece que el nuevo es mejor que el antiguo por las promesas hechas por el mediador. Es Dios quien hace el trabajo. El hombre es el beneficiario. En realidad, si se lo observa con detenimiento y profundidad, el pacto es un acuerdo entre el Padre y el Hijo, en el que el Padre prometió al Hijo una herencia y un reino, y el Padre cumplió su promesa cuando resucitó a Cristo de los muertos.

En el Salmo 40, Hebreos 10, Juan 17:4 y Gálatas 4:4, Dios revela la naturaleza de la obra de Cristo en el mundo antes de su encarnación. Estas, y muchas otras referencias, muestran el plan o acuerdo eterno entre el Padre y el Hijo, que dio como resultado la redención del hombre.

## LAS PROMESAS DE CRISTO AL PADRE

La parte del Hijo en el acuerdo fue:

*1. Preparar una morada adecuada y permanente en la tierra para Dios.* Dios nunca estuvo satisfecho con el tabernáculo de Moisés. Este era apenas una sombra de las cosas que habrían de venir. Nunca estuvo plenamente satisfecho con el templo construido por Salomón o con el que construyó Herodes. Él deseaba un lugar para habitar continua y mutuamente con el hombre, y así, que toda la humanidad pudiera ver y apreciar su gloria revelada. Por tanto, sería Jesucristo quien prepararía esta habitación en el cuerpo de los creyentes, su Iglesia. También prepararía un Cuerpo a través del cual Dios llevaría a cabo su divino propósito en la tierra. Cristo mismo sería la cabeza de ese Cuerpo. Sería un cuerpo perfecto y sin tacha, así como el cuerpo original de Adán, antes del pecado, era perfecto. Sin embargo, el nuevo Cuerpo sería mejor porque estaría formado por millones de creyentes renacidos de todo el mundo. Ese Cuerpo jamás desobedecería a Dios porque su cabeza es el Hijo mismo.

**[DIOS] deseaba un lugar para habitar continua y mutuamente con el hombre.**

2. *Enviar al Espíritu Santo.* Los dones del Espíritu serían sin medida para la nueva familia de creyentes en la tierra, la Iglesia. En los tiempos del Antiguo Testamento, el Espíritu Santo descendía sobre los hombres de cuando en cuando, haciendo que profetizaran, realizaran milagros y revelaran la naturaleza y voluntad de Dios. Pero la nueva promesa era que Dios enviaría al Espíritu Santo en toda su plenitud. Al darlo de esta manera a la humanidad redimida, la Iglesia estaría en condiciones de tener la gracia suficiente para cumplir con la voluntad de Dios, no

por obligación sino por deseo propio. El Espíritu Santo podría también revertir las consecuencias del pecado sobre la naturaleza humana y adornar al Cuerpo de Cristo con la belleza de Él, así como con su poder y su santidad.

3. *Regresar a su Padre para sentarse con Él en su trono, e interceder desde allí por todos los que obedecen a su voluntad.* Al hacerlo, el efecto de herir la cabeza de Satanás culminaría en la total destrucción del reino del maligno; la definitiva aniquilación de todo mal de este mundo.

## LAS PROMESAS DEL PADRE A CRISTO

1. *El Padre libraría al Hijo del poder de la muerte.* Hubo quienes murieron, fueron resucitados durante un tiempo, pero murieron de nuevo. Pero nadie, desde Adán hasta Cristo, murió y resucitó para vivir para siempre. Sin embargo, el Padre no sólo resucitó al Hijo sino que además, destruyó el poder de la muerte. Pablo llama al poder de la muerte el poder más grande que sería destruido. "Y el postrer enemigo que será destruido es la muerte" (1 Corintios 15:26). Por consiguiente, al ser destruido el poder de la muerte, le fue dada a Cristo toda autoridad tanto en el cielo como en la tierra.

2. *El Padre le daría a Cristo la facultad de conceder el Espíritu Santo en plenitud a todo el que Él quisiera.* Con esta autoridad, Cristo podía dar a los miembros de su Cuerpo el poder de cumplir con la voluntad del Padre.

*3. El Padre sellaría y guardaría a todos los que vinieran a Cristo mediante el Espíritu Santo.*

*4. El Padre daría al Hijo una herencia formada por personas de todas las naciones de la tierra, y su reino o dominio sería eterno.*

Por medio de la extensión de Cristo a través de la Iglesia, su Cuerpo sería capaz de dar testimonio a todos los principados y potestades de la eterna y multiforme sabiduría del Padre, justificando, ante la creación, el eterno amor de Dios hacia la humanidad.

## LA CONDICIÓN

La condición en la que este asombroso pacto entre el Padre y el Hijo tendría lugar era que el Hijo vendría al mundo con la forma y la naturaleza del hombre, sujeto igualmente a todas las tentaciones humanas, y que no dependería de su naturaleza divina. Él vencería todas las pruebas, de la misma manera que el hombre puede vencerlas a través del poder del Espíritu Santo. Cristo se sometería a la muerte por su propia voluntad, aun a la ignominiosa muerte en una cruz. También derramaría su preciosa e inmaculada sangre que sellaría por siempre a los que creerían en Él.

---
**Cristo . . . ha hecho posible nuestro acceso al Padre por medio de la oración.**

---

Cristo, la otra parte legal en el nuevo pacto superior y eterno, cumplió todo lo prometido y recibió la promesa del Padre. Y al satisfacer todas las condiciones, ha hecho posible nuestro acceso al Padre por medio de la oración.

Ahora tenemos un derecho, un derecho legal de acercarnos personalmente al Padre en oración.

## ¿POR QUÉ ES ESTO TAN IMPORTANTE?

Satanás ya no tiene acceso al Padre para acusarnos, como lo hizo en Job 1:6-12. Esta parte de las Sagradas Escrituras revela cómo Satanás tenía acceso al cielo y cómo podía acusar tanto a Dios como al justo Job. Acusó a Dios porque dijo que la sola razón por la cual Job le servía era porque lo había bendecido de una manera especial, y por tanto Dios no era justo. Y acusó a Job de que maldeciría a Dios si se le quitaba todo lo que tenía. El diablo es y siempre ha sido el gran acusador.

Cristo, que vio a Satanás caer del cielo como un rayo (Lucas 10:18), revela un aspecto de su victoria redentora al decirnos que el acceso de Satanás al cielo ha sido cerrado:

> Entonces oí una gran voz en el cielo, que decía: Ahora ha venido la salvación, el poder, y el reino de nuestro Dios, y la autoridad de su Cristo; porque ha sido lanzado fuera el acusador de nuestros hermanos, el que los acusaba delante de nuestro Dios día y noche. Y ellos le han vencido por medio de la sangre del Cordero y de la palabra de testimonio de ellos, y menospreciaron sus vidas hasta la muerte.
>
> Apocalipsis 12:10,11

Satanás ya no tiene acceso a Dios, ya no puede

seguir acusando con insistencia al pueblo de Dios. Pero sí nos acusa en nuestra mente. ¿Cómo nos acusa? Diciéndonos que no somos dignos de orar a nuestro Padre celestial. Él trata de hacernos pensar constantemente que no tenemos el derecho de acercarnos al trono de la gracia, en el que podemos encontrar fuerzas en los momentos de necesidad.

---

**Satanás ya no tiene acceso a Dios, ya no puede seguir acusando con insistencia al pueblo de Dios.**

---

Es sumamente importante que estemos conscientes de que la eficacia de nuestras oraciones se basa en el pacto de sangre, la sangre de Jesucristo que fue derramada. Esto es particularmente cierto cuando nos encontremos luchando contra el diablo, porque las Escrituras nos dicen que es un mentiroso y padre de mentira: "Cuando habla mentira, de suyo habla; porque es mentiroso, y padre de mentira" (Juan 8:44).

¡Podemos vencer todo pensamiento que no provenga de Dios! ¡Podemos atar toda palabra negativa, acusadora y destructora, que trate de penetrar nuestra mente para destruir nuestra imagen propia! ¡Podemos hacerlo porque Jesucristo compró el derecho legal de acceso al trono de la gracia! (Mateo 18:18).

¡Usted puede venir hoy confiadamente a Dios en oración! Usted pertenece al íntimo y selecto grupo al que se le ha dado acceso al trono del

Padre. Ese acceso es gratuito, ¡pero no barato! Es gratuito para usted, pero le costó a Cristo su vida el que usted pudiera tener ese privilegio. De modo que si no ejerce su derecho legal de acceso al Padre está haciendo nula para usted la obra expiatoria de Cristo en el Calvario.

## La única herramienta de que dispone Satanás para atacarnos es hacernos abandonar el maravilloso privilegio de la oración

La única herramienta de que dispone Satanás para atacarnos es hacernos abandonar el maravilloso privilegio de la oración, el cual es nuestro. Él sabe cómo robar y despojar, pero estamos al tanto de quién es nuestro adversario el diablo, y no nos dejaremos engañar por sus artimañas. ¡Somos más que vencedores por medio de Cristo que nos amó!

¿Anhela tener íntima comunión con Jesucristo y con el Padre mediante el Espíritu Santo? Esto se logra a través de la oración. ¿No ha recibido respuesta a sus peticiones? ¿Tiene necesidad de ser sanado? ¿Necesita limpieza o renovación? Usted ya tiene entrada al trono de Dios mediante el pacto de sangre. Venga, y encuéntrese ahora con Dios en la oración.

# 1

# LA ORACIÓN
# AL ESTILO LIBRE

Si yo comparara a la oración con una caminata, la oración al estilo libre es como dar un paseo sin tener en la mente nada planificado en cuanto a dónde ir. Llevado por mis pies, simplemente caminaría y luego volvería a casa.

De igual forma, en este tipo de oración me dirijo a Dios con un corazón que se mueva libremente hacia Él, sin tener ningún propósito específico en la oración que me sirva de guía. Esta oración al estilo libre es la que por lo general hacen muchos cristianos, y la mayor parte de la oración congregacional se hace de esta manera.

No obstante, aunque el orar libremente como uno lo desee no carece de valor, la distracción o la falta de concentración puede ser una desventaja. Implica también la dificultad de no invertir suficiente tiempo en la oración porque muy pronto uno se queda sin motivos por los cuales orar.

La oración al estilo libre es buena sólo cuando

usted no dispone de mucho tiempo para orar; sin embargo a pesar de esto, confía en obtener resultados. Pero debemos tener cuidado, cuando oramos al estilo libre, de no comenzar la oración con peticiones en un monólogo de "dame . . . dame . . . "

## Permita que el Espíritu Santo escudriñe su corazón

Recuerde que le hablamos a un Padre celestial majestuoso que hizo los cielos y la tierra. Por tanto, debemos preparar nuestro corazón al acercarnos al trono de nuestro Padre. Debemos estar arrepentidos de nuestros pecados; y si aún abrigamos rebelión contra Dios al orar a Él, nuestra oración no tendrá ningún efecto.

Permita que el Espíritu Santo escudriñe su corazón. Confiese sus pecados y permita que la preciosa sangre de Jesucristo lo limpie antes de comenzar a pedir cualquier cosa a Dios.

Aunque usemos este estilo libre al orar, vengamos a Dios con acción de gracias sincera y alabanzas a Él. El salmista David alabó a Dios de esta manera: "Lleguemos ante su presencia con alabanza; aclamémosle con cánticos" (Salmo 95:2).

Al orar, recordemos la gracia de Dios y sus bendiciones derramadas sobre nosotros en el pasado, y darle gracias por ellas. Debemos también alabarle con la gozosa confianza de que Él nos ama y de que dará respuesta a nuestras oraciones. Sólo podremos orar correctamente cuando seamos dirigidos por el Espíritu Santo, ya que el Espíritu de Dios suplirá nuestras flaquezas y debilidades. Esta es la razón por la cual siempre enseño a los miembros de mi iglesia que den la bienvenida al Espíritu Santo en su corazón y que confíen en Él para que les dirija con toda libertad en la oración.

---

### *Vengamos a Dios con acción de gracias sincera y alabanzas a Él.*

El Espíritu Santo de Dios es una Persona formidable. Es nuestro Consolador que mora en nosotros y que anhela ayudarnos. Así pues, si dependemos del Espíritu Santo cuando oramos, podremos disfrutar, con su ayuda, de un tiempo maravilloso de oración al estilo libre.

Esta oración al estilo libre es sumamente provechosa tanto en los cultos de adoración en la iglesia como en los períodos breves de meditación personal.

# 2

# LA ORACIÓN TEMÁTICA

Si tratara de explicar en qué consiste la oración temática, diría que es como emprender una caminata con un destino predeterminado en mente. A diferencia de la oración al estilo libre, la oración temática tiene un propósito específico cuando se hace. Por eso es que la denomino oración "temática".

Al igual que en la oración libre, el primer requisito en la oración temática es tener ante todo un corazón preparado al presentarse ante el trono de Dios. Debemos arrepentirnos y confesar nuestros pecados, ser limpiados de toda desobediencia delante del Señor para luego venir ante el trono.

La abundante acción de gracias y la alabanza son también requisitos previos para venir al Padre. La Palabra de Dios dice que el Señor mora en medio de las alabanzas de su pueblo. Por tanto, nuestras acciones de gracias y nuestras alabanzas le preparan el camino al Señor para su encuentro con nosotros.

Es muy importante recordar que cuando oramos por una necesidad específica, nuestro corazón debe estar libre de todo deseo egoísta. Si hacemos exigencias o "importunamos" a Dios tratando de obtener cosas que revelan egoísmo en nuestro corazón, tales oraciones no serán respondidas.

---

**La abundante acción de gracias
y la alabanza son también
requisitos previos para venir al Padre.**

---

Cualesquiera sean las metas de nuestra vida, debemos ponerlas sobre el altar del Señor y pensar en primer lugar si le darán gloria a Él. Si el propósito de nuestra oración no es dar gloria a Dios, debemos reconocerlo y abandonar ese propósito, porque no está dentro de la voluntad de Dios. Pero si está dentro de su voluntad, debemos tener fe de que Él seguro nos responderá. Nuestro supremo deseo debe ser desear sólo la voluntad de nuestro Padre para nosotros.

En la oración temática es necesario tener objetivos muy definidos en mente. Una oración vaga nunca será eficaz. Por ejemplo, si oramos: "Padre, te pedimos que nos bendigas", esa es una oración ambigua. También lo sería: "Padre, bendice mi país."

Hay ocasiones cuando sucede algo en nuestra vida, pero no podemos discernir si fue o no una respuesta a nuestra petición. Una oración así no puede llamarse una oración temática. La oración temática es una oración específica, de modo que cuando sea respondida uno sabe con claridad que fue una respuesta específica de Dios, y puede testificar que experimentó la respuesta.

---

***Nuestro supremo deseo debe ser
desear sólo la voluntad
de nuestro Padre para nosotros.***

---

En Lucas, capítulo 18, aparece la oración de una viuda. Ella venía constantemente al juez con la súplica: "Hazme justicia de mi adversario" (v. 3). Pero el juez de esa ciudad ni temía a Dios ni respetaba a nadie. Por consiguiente, los ruegos de la viuda no eran tomados en cuenta y ella se sentía insultada. Pero seguía yendo a él y continuaba importunándolo. Por fin, aquel malvado juez dijo:

> Aunque ni temo a Dios, ni tengo respeto a hombre, sin embargo, porque esta viuda me es molesta, le haré justicia, no sea que viniendo de continuo, me agote la paciencia. Y dijo el Señor: Oíd lo que dijo el juez injusto. ¿Y acaso Dios no hará justicia a sus escogidos, que claman a él día y noche? ¿Se tardará en responderles? Os digo que pronto les hará justicia. Lucas 18:4-7

Jesús enseñó también cómo orar mediante una parábola:

> ¿Quién de vosotros que tenga un amigo, va a él a medianoche y le dice: Amigo, préstame tres panes, porque un amigo mío ha venido a mí de viaje, y no tengo qué ponerle

delante; y aquel respondiendo desde adentro,
le dice: No me molestes; la puerta ya está
cerrada, y mis niños están conmigo en cama;
no puedo levantarme y dártelos?

Lucas 11:5-7

Pero aquel hombre continuó pidiendo y al
final obtuvo pan. El amigo del hombre le dio el
pan no por ser su amigo, ¡sino por su persist-
encia! Entonces dijo Jesús:

Pedid y se os dará; buscad y hallaréis;
llamad, y se os abrirá. Porque todo aquel que
pide, recibe; y el que busca, halla; y al que
llama, se le abrirá. ¿Qué padre de vosotros, si
su hijo le pide pan, le dará una piedra? ¿o si
pescado, en lugar de pescado, le dará una
serpiente? ¿O si le pide un huevo, le dará un
escorpión? Pues si vosotros, siendo malos,
sabéis dar buenas dádivas a vuestros hijos,
¿cuánto más vuestro Padre celestial dará el
Espíritu Santo a los que se lo pidan?

Lucas 11:9-13

Por tanto, cuando oremos debemos tener objetivos definidos tales como: "Hazme justicia de
mi adversario" o "préstame tres panes".

---

*Una oración imprecisa, sin un objetivo claro,
es como levantar el puño en el aire
sin pegarle a nada.*

---

La oración sin objetivos precisos no debe llamarse oración temática. Hace algún tiempo tuve
una oración temática específica: encontrar un
nuevo edificio para nuestra iglesia de Tokio,
Japón. Es muy difícil encontrar una construc-

ción apropiada para una iglesia en la ciudad de Tokio. Y aunque pudiéramos encontrar una para alquilarla, al decir que se utilizaría como lugar de culto, la mayoría de los propietarios rechazarían la solicitud, particularmente si se trataba de alquilar a coreanos cristianos.

Así pues, luché en oración ante el Señor durante varios meses por este objetivo específico, y Dios respondió permitiéndonos alquilar un hermoso edificio en el centro de Tokio, mucho mejor que el que teníamos antes y con mayor espacio para el estacionamiento de vehículos. Por esto digo que una oración imprecisa, sin un objetivo claro, es como levantar el puño en el aire sin pegarle a nada.

---

*La oración temática es la oración intensa y continua que se hace durante media hora o una hora, por una petición específica.*

---

Hace algún tiempo me detuve en San Francisco, California, en camino hacia Seúl, para predicar en aquella ciudad. Después de la reunión, la esposa del pastor me presentó a una mujer soltera, y me pidió que orara por ella a fin de que pudiera encontrar un esposo cristiano. La mujer tenía aproximadamente treinta años de edad. Le pregunté qué tipo de hombre quería como esposo y me respondió que eso se lo dejaba al Señor, quién sabría mejor que ella el que le convendría. Por tanto, le dije: No, usted no debe orar en forma imprecisa; debe ser específica en lo que le pid a Dios.

Entonces la ayudé a definir lo que quería. Dijo que deseaba una persona afectuosa, que fuera alto y delgado, educador de profesión, que le gustara cantar, y que, de ser posible, sus padres estuvieran vivos. Ahora ya ella tenía definido como debía orar por el esposo que quería. Oramos juntos en forma específica y recibí después la buena noticia de que se había casado al cabo de un año con alguien exactamente igual a la persona por la que había orado específicamente. Ella había orado de acuerdo con las características precisas y había recibido una respuesta precisa del Señor.

La oración temática es la oración intensa y continua que se hace durante media hora o una hora, por una petición específica.

Por eso, la paciencia es un requisito previo en la oración temática. Cuando oramos temáticamente, muchas veces nuestros objetivos parecen destruirse y el logro de ellos parece imposible. Sin embargo, los creyentes no deben rendirse.

En la oración temática hay que persistir. A veces llegará a sentir que su meta parece destruida o que resultará imposible lograrla. Pero no debe desanimarse sino que debe persistir en oración ante Dios.

En mi experiencia personal, he sentido muchas veces que mis metas y sueños se han roto y hecho pedazos, en mis oraciones temáticas. Pero en medio de esos períodos de desencanto seguí confiando en Dios y al final experimenté su respuesta a mis oraciones. Dios resucitó mis sueños destrozados.

Habíamos estado orando por un terreno para construir un edificio para nuestro periódico, y Dios nos ayudó a conseguir y comprar setenta mil metros cuadrados. Todos nos regocijamos y dimos gracias a Dios por esto, pero ocurrieron circunstancias extraordinarias y casi perdimos el terreno. Nuestro sueño de tener un edificio para el diario casi se hizo pedazos.

## La paciencia es un requisito previo en la oración temática.

Estábamos desanimados y tentados a desesperarnos, pero clamamos con lágrimas a Dios y seguimos orando, recordando que Abraham engendró a su hijo Isaac a la edad de cien años y Sara tenía noventa, cuando era humanamente imposible que ella concibiera un hijo. Pero al persistir en la oración, Dios nos dio una respuesta. Nuestro sueño resucitó, recuperamos el terreno e hicimos la construcción.

Cuando oramos específicamente por ciertos sueños pasaremos por períodos cuando sentiremos que se nos han muerto, pero Dios resucitará estos sueños muertos para que nuestra fe no retroceda.

**3**

# EL RECONOCIMIENTO
# DE NUESTRA POSICIÓN

L a oración "posicional" se basa en quién somos ante Dios. Ella es muy eficaz cuando nos
consagramos a Dios. En un período relativa-
mente corto confirmaremos nuestra condición
con Dios y conoceremos la fe y la acción correctas
ante Dios. Esta oración posicional puede produ-
cir una gran devoción hacia Dios y además,
eliminar pensamientos centrados en el hombre,
llevándonos a experimentar una total entrega al
Señor.

En esta oración posicional debemos, en primer lugar, reconocer nuestra posición ante Dios
como Creador y su creación, y como el Redentor
y sus redimidos.

La oración posicional va junto a esa clase de
confesión de que Dios, que creó los cielos y la
tierra, es también mi Redentor. Este Creador
hizo los cielos y la tierra; hizo todas las cosas que

hay en la tierra, y debajo del mar, incluso al hombre. Formó al hombre del polvo de la tierra y sopló en su nariz aliento de vida, convirtiéndolo en un ser viviente. Por tanto, ya que fui hecho por Dios, mi vida le pertenece a Él, no a mí.

---
**La oración posicional se basa
en quién somos ante Dios.**

---

¡Es natural y lógico desde todo punto de vista que el Creador sea dueño de todo lo que ha creado! Pero no sólo eso, sino que al rebelarse el hombre contra Dios y caer, Él lo redimió enviando a su Hijo unigénito, Jesús, cuyo cuerpo fue molido y su sangre derramada para redimir al hombre y traerlo de regreso a Él.

Por consiguiente, le pertenezco de dos maneras a Dios: por creación y por redención. De modo que en lo que toca a mi condición presente y a mi futuro, ¡no tengo ningún poder sobre mí mismo, pues pertenezco totalmente a Dios! Por eso, si Dios se mueve en una dirección, yo también debo moverme con Él en esa misma dirección. Tengo que moverme con Dios hacia donde Él se mueva, y cuando Él lo haga, porque le pertenezco. Tengo que vivir una vida de total obediencia y sometimiento a Dios.

---
**Le pertenezco de dos maneras a Dios:
por creación y por redención.**

---

Acostumbro a hacer esta oración posicional a Dios. En primer lugar, mediante esta confesión convengo con Dios de que no me pertenezco a mí mismo, sino que Él tiene derecho soberano sobre mi presente y mi futuro, y en las cosas positivas y negativas de mi vida que pueda experimentar. Es obvio que al orar así, someto humildemente mi corazón a Dios y le entrego a Él la totalidad de mi ser.

En segundo lugar, reconozco ante Dios al hacer esta oración que Él es mi pastor y que yo soy su oveja. El Salmo 23 me dice que Jehová es mi pastor. De modo que, cuando oro, reconozco que Jehová es mi Pastor. Como cristianos, sabemos que Dios es nuestro Pastor, ¡y que es un buen Pastor! Por esta relación, algo que sabemos con toda claridad es que las ovejas pertenecen al pastor y que él es el dueño de su rebaño. Él tiene la responsabilidad y el derecho de dirigir, cuidar, alimentar, criar y proteger su rebaño. Las ovejas confían en el pastor para su completo cuidado y protección. Tanto es así que David llamó a Dios su Pastor y a sí mismo una oveja.

---

*Cuando oro,*
*reconozco que Jehová es mi Pastor.*

---

¡Dios es en realidad mi Pastor y nada me faltará! Al declararle mi Pastor que suple todas las necesidades de mi diario vivir, Él me hará descansar en lugares de delicados pastos. Como mi Pastor que da paz y descanso a mi alma, Él me conduce junto a aguas de reposo. Podemos aún ir más allá en esta oración: mi Pastor me libra de la muerte, por amor de su nombre conforta mi alma, y me guía por sendas de justicia.

Él participa activamente en mi vida para que yo pueda vivir apartado del pecado y haciendo el bien.

Ya no tengo ningún temor aunque atraviese las oscuras pruebas de la vida y el valle de sombra de muerte, porque mi Pastor está conmigo y me alienta con su vara y su cayado. Aunque esté atravesando días oscuros como boca de lobo en medio de angustias y sufrimientos, mi Dios Pastor sigue estando a mi lado, sienta o no su presencia.

La vara y el cayado de mi Pastor, y su protección, están conmigo para no ser dañado. Antes bien, en medio de los duros ataques del enemigo a mi vida, mi Pastor aderezá una mesa con deliciosos platos en presencia de mis enemigos.

El salmista oró: "Unges mi cabeza con aceite; mi copa está rebosando." Nuestro Pastor nos llevará a morar en la casa de Dios por toda la eternidad, para que podamos cantar con Él: "Ciertamente el bien y la misericordia me seguirán todos los días de mi vida."

---

*Esta oración posicional es una oración de reconocimiento de que lo estoy siguiendo a Él; de que lo obedezco; de que confío totalmente en Él; y también declaro que lo amo como mi Pastor.*

---

El vínculo que hay entre el Pastor y sus ovejas es tan íntimo, que es una unión que va más allá de toda descripción. ¡El hecho de que "Dios es mi Pastor y yo soy su oveja" es algo que debe ser esculpido profundamente en nuestro corazón, porque es una realidad!

---

**Ya sea un vaso primoroso, uno común, uno grande, o uno pequeño; Dios es el Alfarero que nos moldea según su plan y según vaya a usarnos.**

---

En tercer lugar, Dios es el Alfarero y yo soy la arcilla. Es mi Alfarero y yo el vaso que Él está fabricando según su designio. Como alfarero, Dios toma la arcilla y hace toda clase de vasos según su voluntad. Ya sea un vaso primoroso, uno común, uno grande, o uno pequeño; Dios es el Alfarero que nos moldea según su plan y según vaya a usarnos.

Mediante esta oración posicional, Él como Alfarero y yo como vaso, confieso mi debilidad ante Él. Puedo por tanto, aceptar su obra soberana en cuanto a mi posición y providencia en sus manos a medida que me forja conforme a su sabiduría, su inteligencia y su conocimiento eternos.

Siempre oro de esta manera cuando hago la oración posicional:

*Dios Padre, tú eres mi Alfarero. Yo soy sólo arcilla en tus manos. Me hiciste pastor y me usas como tal en la Iglesia del Evangelio Completo de Yoido. Ayúdame, por tanto, a ser íntegro y sincero conforme al vaso que estás haciendo de mí.*

Dios también me ha encomendado la predicación del evangelio de Jesucristo a todo el mundo. Por tanto le digo:

*¡Señor, aquí me tienes. Hazme fiel también en esta misión para ti!*

Dios además amplió mi pastorado convirtiéndome en apóstol para capacitar y formar a muchos pastores jóvenes.

También me dio visión para que llegara a ser un empresario cristiano en la administración de instituciones educativas, periódicos cristianos y casas para jubilados. Por tanto, continúo orando:

*Padre, me diste la capacidad de hacer esta clase de trabajo para ti. Te ruego que me des tu dirección cada día para poder hacerlo bien. Permite que te siga y que te sea fiel en la tarea que me has confiado. No me dejes ser un vaso distinto al que tú has querido que yo sea. No me dejes intentar ser más de lo que has querido que sea, y ayúdame para que no viva por debajo de las expectativas que has trazado para mi vida. Ayúdame para que no me compare con otros vasos que tú has hecho para tu uso. Ayúdame para no ambicionar ir más allá del límite que tú me has fijado. Que este vaso esté siempre lleno de tu Espíritu Santo, para que pueda cumplir con el llamado que has puesto sobre mí. ¡Qué siempre sea obediente y fiel a tu llamamiento, para que este vaso dé siempre gloria a tu nombre!*

**Tengo que reconocer siempre que soy una rama en Jesucristo y que Él es siempre la fuente que suple las necesidades de mi vida.**

Como una tercera oración posicional, soy

como un terrón de arcilla en las manos de Dios, y a Él dirijo mis ojos para que le dé forma a mi vida. No comparo más mi posición con la de los demás. Puesto que soy el vaso que Dios ha formado, y que está formando constantemente, cada día contemplo el rostro de mi Padre y solícitamente, con todo mi ser, confío en que Él me dará el suficiente poder del Espíritu Santo para que este vaso sea usado por Él.

La cuarta oración posicional consiste en afirmar mi posición ante Dios como un pámpano en la Vid. En Juan 15, Jesús dijo qué es la Vid, y yo estoy unido a la Vid como una rama o pámpano. Soy su extensión. Si el pámpano no está unido a la Vid se marchitará y perecerá. Tengo que reconocer siempre que soy una rama en Jesucristo y que Él es siempre la fuente que suple las necesidades de mi vida porque Él es la Vid y yo soy un pámpano. Por ser Jesús la fuente, recibo de Él la gracia para llevar fruto para su gloria.

> **Todo el trabajo es hecho por el Señor y nosotros los creyentes somos sólo los que recibimos su gracia para dar fruto.**

Así como una vid natural es la fuente de vida principal que recibe agua y alimentación de sus raíces, y esto va a las ramas, yo también recibo mi vida de Jesús, que es mi Vid. No es la rama la que le proporciona vida a la Vid, sino que es la rama la que recibe cada día el agua y el alimento gracias a la Vid. Partiendo de esta analogía, podemos entender que todo el trabajo es hecho por el Señor y que nosotros los creyentes somos sólo los que recibimos su gracia para dar fruto.

Miremos a la cruz del Calvario, donde el mismo Jesús derramó su sangre y donde su cuerpo fue molido. Por medio de su sufrimiento, Él llevó a cabo la obra de salvación para que pudiéramos recibir incondicionalmente el perdón de nuestros pecados, reconciliación con Dios, la plenitud del Espíritu Santo, la sanidad, las bendiciones de Abraham (porque fuimos librados de la maldición) y la vida eterna, para que un día estemos para siempre con Él en la eternidad.

> *Él llevó a cabo la obra de salvación*
> *para que pudiéramos recibir*
> *incondicionalmente el perdón*
> *de nuestros pecados.*

Jesús, sólo Él, nos dio los dones gratuitos de su amor y de su gracia. La obra de darlos pertenece a Jesús, y a nosotros se nos ha dado la gracia de llevar fruto para Él.

Al meditar en esta formidable provisión y al estar conscientes de la fidelidad divina, nos volvemos conscientes de nuestra necesidad de absoluta humildad, obediencia y sujeción a Dios. Sentimos gratitud en nuestro corazón sin vanagloriarnos de nosotros mismos, y mantendremos esta posición todo el tiempo. Esto nos comunica la inconmovible confianza en nuestro Señor de que Él siempre obrará para nuestro bien. También desarrollará en nosotros la confianza en nuestra posición de descanso en Él por completo, seguros de que nuestro pámpano florecerá y de que llevaremos fruto para su gloria.

La quinta oración posicional es el reconocimiento de que Jesucristo es el Esposo y yo su desposada. El Esposo posee a su desposada, no la desposada al esposo. El Esposo debe amar a su esposa y ella debe honrarlo a él; él cuida de ella y la protege. Por tanto, como Jesús es mi Esposo y yo su desposada, debo obedecerlo totalmente, honrarlo y tener confianza que Él suplirá todas mis necesidades diarias y que me protegerá de todo peligro. Y por último, seré llevado a su reino celestial como su esposa. Mientras que ese glorioso día llega, puedo seguir confiando en Él hasta el fin de mis días aquí en la tierra.

---

*La oración posicional me lleva a tener una vida centrada en Dios, a consagrarme totalmente a Él, y a recordar siempre que Él es mi fuente.*

---

Al orar la oración posicional he reconocido a mi Padre, y también he admitido cuál es mi relación con Dios, y esto me ayuda a no desviarme de mi senda cristiana. La oración posicional me lleva a tener una vida centrada en Dios, a consagrarme totalmente a Él, y a recordar siempre que Él es mi fuente.

Estos tipos de oración donde reconocemos nuestra posición nos ayudan a evitar el ser frívolos al orar, a no tener pensamientos que van en todas direcciones. La oración posicional nos ayuda mucho al acrecentar nuestra conciencia de lo que somos en Cristo, y para no ser fácilmente persuadidos por las numerosas voces del mundo que nos circundan. ¡Si cada día hacemos estas oraciones posicionales, nuestro corazón disfrutará de un inconmovible posición ante nuestro Dios!

# 4

# LA ORACIÓN
# EN ONDAS CONCÉNTRICAS

He llamado a ésta la oración en ondas concéntricas, pues se asemeja al fenómeno que se produce en el agua cuando se lanza una piedra, y se forman ondas concéntricas.

Una vez al año, en otoño, los que formamos parte de la Iglesia del Evangelio Completo de Yoido nos reunimos en el estadio olímpico de Seúl para tener una magna concentración de oración. La mayoría de los que participan son líderes de la iglesia; nos reunimos unas cien mil personas. Reunir a cien mil creyentes en un lugar no es fácil.

Si sólo dijéramos: "Vamos a reunirnos para orar juntos", jamás sería posible orar intensamente por una hora. Sin embargo, desde que estamos utilizando el modelo de la oración en ondas concéntricas, hemos podido realizar con éxito nuestro tiempo de oración. De no haber usado la oración circular concéntrica, ese tiempo de oración no habría podido continuar por mucho rato.

---

**. . . *Orar prolongadamente no es fácil.***
***Sin embargo, se puede lograr si se utiliza***
***la oración en ondas concéntricas.***

---

En marzo de 1993, tuvimos una concentración de oración en un estadio de Johannesburgo (República Sudafricana) que resultó ser más una reunión de alabanza que de oración. Los organizadores trataron de que los participantes oraran, pero las treinta mil personas que se reunieron no oraron. Aplaudían y se regocijaban mucho en el Señor, pero no seguían orando después de cinco o diez minutos. Deseaban orar, pero no les resultaba fácil hacerlo. Pero eso no sólo ocurre en Johannesburgo, sino que lo he observado en todas partes del mundo donde voy: orar prolongadamente no es fácil. Sin embargo, se puede lograr si se utiliza la oración en ondas concéntricas, y por esta razón este tipo de oración es necesaria.

¿Qué es, entonces, la oración en ondas concéntricas y cómo podemos orar siguiendo este modelo?

1. *Usted puede comenzar primero por lo más cercano: usted mismo.* Extienda después su oración más allá. La oración en ondas concéntricas debe comenzar con uno mismo. Debe orar por su propia vida en Cristo, pidiéndole que le conceda más de su gracia y de sus bendiciones para enfrentar los diversos problemas y necesidades.

Debe orar a Dios intensamente por esas necesidades.

2. *Una vez que haya orado a Dios por usted mismo, comience a orar por sus seres queridos:* su cónyuge (su vida espiritual, sus necesidades y su salud). Ore después por sus hijos, y por sus padres y abuelos si todavía viven. Luego ore por sus hermanos y hermanas, y por sus necesidades. Después de orar por sus familiares más allegados, comience a orar por los demás parientes y por sus amigos. Ore por las necesidades de ellos. Ore por su salvación y por las numerosas necesidades de sus vidas. Ore pidiendo que las bendiciones del Señor sean sobre ellos.

3. *Cuando haya terminado de orar por ellos, puede pasar a otro motivo de oración: su país o ciudad, sus líderes, y por todos sus habitantes.* Ore por todos los líderes de su nación, en particular por el presidente o por el jefe del gobierno, a fin de que lleguen a tener temor de Dios y cumplan así debidamente con sus responsabilidades.

---

**Al orar por la salvación de todos los que viven en este mundo, estamos en realidad apresurando la venida de nuestro Señor Jesucristo.**

---

Una vez que haya orado por su nación y sus habitantes, puede continuar orando por sus países vecinos. Por ejemplo, los coreanos pueden orar por los que viven en Japón, China, Rusia y otros países asiáticos. También pueden hacerlo, posteriormente, por los europeos, los africanos, los norteamericanos y el resto del mundo. Al orar por la salvación de todos los que viven en este mundo, estamos en realidad apresurando la venida de nuestro Señor Jesucristo.

Cuando se utilice este modelo de oración en ondas concéntricas, se obtendrán mejores resultados si con anticipación se escriben en un papel, y se distribuyen entre las personas los asuntos por los que se deberá orar. Así los pastores u otros líderes que estén en la plataforma podrán dirigir con eficiencia estas reuniones de oración, y la congregación los seguirá. Por ejemplo, el pastor podrá decir a los hermanos: "En primer lugar oremos durante cinco minutos por nuestras necesidades personales. Oremos, después, por nuestras familias. Luego, por nuestro país, y así sucesivamente."

Una vez que el pastor o el líder haya identificado los motivos de oración y comunicado el tiempo que deberán dedicar a cada aspecto, deberá apegarse al orden establecido para que las personas puedan orar juntas siguiendo este patrón.

Si utilizamos este modelo de oración en ondas concéntricas y respetamos el tiempo específico dado a cada parte, las personas no sólo tendrán interés de reunirse para orar, sino que además podrán orar sin interrupción durante una hora o más. En resumen, cuando se trate de una gran concentración de oración, en la que participarán centenares de personas, el sistema en ondas concéntricas es en sumo grado recomendable.

# 5

# EL TABERNÁCULO COMO MODELO

La oración es el fundamento del avivamiento, tanto de su corazón como de la iglesia. Pero son muchos los que aún no saben cómo orar y muchos no saben cómo orar por más de una hora seguida.

El Señor Jesús dijo a sus discípulos: "¿Así que no habéis podido velar conmigo una hora?" (Mateo 26:40). En el huerto de Getsemaní, los discípulos no pudieron orar con Jesús ni siquiera durante una hora.

Jesús comenzó su ministerio con oración, orando y ayunando durante cuarenta días. Toda su vida terrenal estuvo saturada de oración, y consumó su ministerio en el Getsemaní orando fervientemente. La vida de Jesús giró por completo alrededor de la oración.

Dios nos ha bendecido con un gran ministerio en Seúl, Corea. Ahora mismo estoy a cargo de setecientas mil personas en mi iglesia, y cada año ganamos un promedio de trescientos mil nuevos creyentes para Jesucristo. Las personas me preguntan: "¿Cuál es el secreto?" Hay muchos secretos para nuestro crecimiento, pero el más importante es la oración.

> **La oración es el fundamento
> del avivamiento,
> tanto de su corazón como de la iglesia.**

Comencé mi pastorado en 1958, en un barrio de las afueras de Seúl. Desde el comienzo, el Espíritu Santo me mostró que el fundamento de la iglesia sería la oración. Había tratado por más de seis meses de ganar las almas para el Señor utilizando mis propias fuerzas, pero durante todo el tiempo que estuve predicando no pude conducir ni una sola alma a Jesucristo. De manera que en menos de un año hice mis maletas más de ocho veces, decidido a abandonar el ministerio.

> **Hay muchos secretos
> para nuestro crecimiento, pero
> el más importante es la oración.**

En ese tiempo tenía la seguridad de que no había sido llamado al pastorado. Jamás habría soñado entonces que un día llegaría a ser el pastor de una iglesia tan gigantesca. En ese tiempo mi mayor ambición era tener una iglesia con treinta miembros, pero Dios me enseñó que debía confiar en Él. Por consiguiente, comencé a orar cada día por más de cinco horas. Les digo que no es tarea fácil orar durante cinco horas. Luché y batallé contra la carne.

Entonces comenzaron a suceder cosas maravillosas. Mi vida fue transformada. También se produjo una transformación entre los hermanos de la iglesia y todo el barrio comenzó a cambiar. ¡Después de tres años, había llevado seiscientas personas a Jesucristo!

---

***Me dediqué a orar muchísimo
y Dios comenzó a moverse.***

---

Construimos allí una hermosa iglesia, y en 1961 me mudé al centro de Seúl. Debido a que había experimentado cierto éxito con seiscientas personas, quería construir una iglesia que estuviera entre las muy grandes. Las personas se burlaban de mí. Yo era joven e inexperto, y por tanto acudí de nuevo a la oración. Me dediqué a orar muchísimo y Dios comenzó a moverse.

En ese tiempo, mi suegra fue mi fuente especial de inspiración. Me acosaba para que no siguiera durmiendo después de las cuatro y media de la madrugada, porque en Corea se acostumbra a orar temprano en la mañana. Se da por sentado que todo el mundo debe levantarse a orar a las cuatro y media. El pastor, en especial, no puede jamás quedarse en cama después de esa hora. De modo que cada mañana mi suegra me ponía sobre la cara una toalla empapada de agua fría. Muchas veces, después de levantarme, me sentaba en el borde de la cama y decía: "¡Máteme, suegra, máteme!"

Cierta mañana me despertó el timbre del teléfono. Lo levanté y escuché la voz de mi suegra. No sé cómo es la cosa en otras culturas, pero en Corea, cuando la suegra llama, es porque hay problemas.

— ¿Qué estás haciendo? — me dijo ella.

— ¡Estoy durmiendo, suegra! — le respondí.

— ¡Qué vergüenza! Te hemos estado esperando ya durante media hora — replicó ella —. ¿No sabes que ya son las cinco? Tenemos serias dudas de que todavía seas un cristiano.

¡Yo estaba aterrorizado! Me dirigí precipitadamente al baño, me cepillé los dientes, me peiné, agarré mi Biblia y me fui corriendo a la iglesia donde todos me esperaban. Subí atropelladamente a la plataforma y todos comenzaron a reírse. Cuando me miré, me di cuenta de que aún tenía puesto el pijama. ¡Pero en ese tiempo intenso de oración, el Señor comenzó a bendecirnos! Como su pastor estaba orando tan fervientemente, los hermanos comenzaron a orar de la misma manera que él. Por eso todos los días, a través de toda Corea, los creyentes oran intensamente junto con su pastor.

---

*Nuestro Padre celestial tiene una gran necesidad en su corazón.*
*Dios es amor y el amor anhela la comunión.*

---

En Corea no nos reunimos para orar sólo de madrugada, sino que tenemos también vigilias de oración los viernes por la noche hasta el amanecer. En cuanto a mi iglesia, más de quince mil hermanos se reúnen para orar los viernes.

Hay, además, muchas montañas de oración en todas partes de Corea. En nuestra propia montaña de oración, más de un millón de personas vienen a orar y ayunar por más de tres y hasta cuarenta días. Nuestro país está saturado de oración y como resultado el poder de Satanás ha sido limitado y quebrantado. Millones de personas se están entregando al Señor Jesucristo. Creo que en la década de los años noventa, Corea se convertirá en la principal nación cristiana del mundo. Todo este avivamiento nos ha venido hasta ahora gracias a la oración.

> *Dios nos creó para tener comunión con Él, y hacer posible esa comunión es la responsabilidad número uno de nuestra vida.*

Usted puede tener una gran iglesia y un gran movimiento de Dios si sólo dobla sus rodillas en oración.

¿Ama usted a su esposa? ¿Ama a su esposo? ¿Ama a sus hijos? Entonces, usted debiera desear apartar más tiempo para estar con Dios.

Dios desea tener comunión con usted. ¡Si usted no puede contentar el corazón de Dios, tampoco Dios podrá contentar el suyo! Con muchos cristianos y muchas iglesias Dios está profundamente afligido. ¿Por qué? Porque los pastores y los demás líderes de las iglesias están totalmente dedicados a ministrar a las necesidades de las personas sin ocuparse de la necesidad de compañerismo que tiene el corazón de Dios. Él anhela que usted y yo vengamos a Él y ministremos a su corazón. Dios nos creó para tener comunión con Él, y hacer posible esa comunión es la responsabilidad número uno de nuestra vida. Por tanto, nuestro ministerio al Señor debe estar por encima de nuestro ministerio a las personas.

Cuando mi iglesia alcanzó los trescientos miembros, tuve que enfrentarme a una decisión. Ellos querían que yo los visitara, que les diera atención pastoral y que orara por ellos; pero ministrar a las personas ocupaba cada vez mayor cantidad de mi tiempo. Me sentía cansado, y no me quedaba suficiente tiempo para ministrar al Señor. No sabía qué hacer.

---

*Al diablo no le preocupa
que usted asista a la iglesia.
Tampoco dirá nada si usted
lee la Biblia.
Pero el diablo se le opondrá
si usted comienza a orar.*

---

Por fin, después de haber orado mucho, tome una decisión. Muchos me dijeron que abandonarían la iglesia si no les dedicaba más tiempo a ellos; sin embargo, decidí dedicar más tiempo a Dios. Comencé a orar más de tres oras diarias, y Dios derramó su bendición sobre mi pastorado de una manera maravillosa. La iglesia comenzó a crecer a un ritmo mayor del que lo venía haciendo.

Por lo tanto, lo animo a pasar más tiempo

delante de Dios. Contente el corazón de Dios. Cuanto más tiempo pase usted con Dios, mayor será su plenitud del Espíritu Santo.

El diablo no puede soportar que usted ore, de modo que cuando ore el diablo le causará problemas. Pero si sigue orando más, el diablo se apartará de usted. No puede usted imaginarse cuántos problemas hace surgir Satanás en medio de su hogar, de sus hijos, de su trabajo, de su iglesia y, en general, de todas las cosas que son importantes para su vida.

---

**Es sólo a través de la oración que Dios dará respuesta a los problemas de su vida.**

---

Muchos dicen: "Bueno, ya estamos llegando al siglo veintiuno y no creo que el diablo exista." Hasta esto es una estrategia de Satanás. Jesús pasó la mayor parte del tiempo expulsando demonios, antes que dedicado a otra actividad. Y si usted expulsa al diablo, tendrá igualmente un gran movimiento de Dios en su iglesia.

Es sólo a través de la oración que Dios dará respuesta a los problemas de su vida. Sí, sólo Dios conoce en realidad sus problemas. Él tiene el poder de solucionarlos, pero espera hasta que usted ore por ellos.

De igual manera, es sólo a través de la oración que usted podrá alcanzar para el Señor a sus amigos y a sus vecinos. Tengo cincuenta y un mil líderes de grupos familiares en mi iglesia, y cada uno tiene de cinco a diez familias. Estos líderes están llevando a Cristo a un promedio de dos familias cada año. A estos líderes les pido que se fijen una meta de cuántas familias vecinas esperan evangelizar en un año. Muchos de mis líderes de grupos familiares dicen: "Soy demasiado tímido para tocar a la puerta. Además, no estoy bien preparado para hablar de Jesús."

Sí, la gente da muchas excusas, pero siempre les digo: "Pero sí puede orar ¿verdad?" La respuesta es: "¡Sí!"

Entonces les digo que oren por la salvación de sus vecinos, que escojan a los que les gustaría ganar para el Señor, y que concentren sus oraciones en ellos durante seis meses. Por lo general esas familias son ganadas para Cristo.

Cuando uno piensa en esto, se da cuenta de que cada líder de grupo familiar conduce cada año a dos familias, o a seis miembros de ellas, a Jesucristo. El número cincuenta y un mil multiplicado por seis significa trescientos seis mil nuevos convertidos cada año. Nosotros no hacemos mucho ruido ni tenemos grandes campañas de evangelización para ganar las almas, sino que trabajamos muy calladamente y, día tras día, se están salvando las almas. Lo mismo puede hacerse en cualquier parte del mundo.

Por lo general, he descubierto que las personas no saben cómo orar durante más de una hora seguida para lograr sus metas. Siempre le pido a mis hermanos de la iglesia que oren más de una hora todos los días. A esta oración la llamo "la oración del Getsemaní". Allá, en el Getsemaní, Jesús reprendió a sus discípulos porque no pudieron mantenerse orando ni siquiera una hora. Si usted comienza a orar durante más de una hora cada día, con toda seguridad que ocurrirán algunas cosas interesantes en su vida. Las personas inventan todo tipo de excusas. Están ocupados con cosas aquí y allá, pero Jesús no toleró ningún tipo de excusas.

Tengo bajo mi supervisión a setecientos cuarenta y seis pastores asociados trabajando todo el tiempo en la iglesia. Esos pastores se ocupan de nuestras setecientas mil almas, y a ellos les digo siempre que inviertan más de tres horas en oración cada día. Les digo que aunque sientan que no están dedicando suficiente tiempo para pastorear a las personas, no se deben preocupar, sino que deben pasar tres horas en oración cada día antes de dedicarse a escuchar los problemas de las personas.

---

*Si usted comienza a orar durante más de una hora cada día, con toda seguridad que ocurrirán algunas cosas interesantes en su vida.*

---

Muchos de ustedes han escuchado hablar de lo que Dios ha hecho en nuestra iglesia de Corea como resultado de la vida de oración de nuestros pastores. Ellos son poderosos en Dios y la congregación confía en ellos.

En mi propia vida privada de oración, Dios me ha enseñado a permanecer orando por más de una hora. En Seúl tenemos cada año una conferencia sobre crecimiento de la Iglesia, a la que han acudido millones de personas procedentes de otros países. El último día de la conferencia los llevo a orar a nuestra montaña de oración. Les digo que ya han aprendido la teoría y que ahora les toca la práctica. Los conduzco al lugar de oración y les digo que oraremos por más de una hora. Después de orar por aproximadamente veinte o veinticinco minutos, la mayoría de los norteamericanos y de los europeos deja de orar, se echan de espaldas al piso y se ponen a mirar alrededor de ellos. Entonces les digo: "¡OREN, OREN!" Pero siempre me responden: "¡No sabemos cómo orar! ¡Ya hemos orado bastante y no tenemos más que decir!"

Ese es el problema. Usted y yo debiéramos tener algo que decir por más de una hora. Pero si no tiene un plan de oración, por supuesto que no podrá orar por más de una hora.

Suponga que voy a tener un tiempo de compañerismo con un intérprete. Nos sentamos y comenzamos a mirarnos el uno al otro, y después de hablar por diez minutos ya no tenemos nada más que decirnos. Sería muy molesto e incómodo estar mirándonos, sin decirnos nada, el resto de la hora. Debiéramos tener algo sobre qué hablar.

---

*En la oración, usted está ante la presencia de su Padre celestial.*

---

Después de hablar por aproximadamente veinte minutos, si no tiene nada más que decirle al Padre celestial, se producirá una situación terriblemente embarazosa entre Dios y usted.

¿Qué hacer entonces? Usted debe tener alguna forma de oración, un plan de algún tipo. Dios me enseñó a orar durante más de una hora sin interrupción y yo llamo a esto mi "recorrido a trote en la oración". ¿Acostumbra usted a trotar? A mi siempre me gustó trotar, pero un día no pude hacerlo en Estrasburgo.

Durante unas reuniones que tuve en esa ciudad, me levanté un día a las cuatro y treinta de la madrugada para trotar en vez de orar. Corrí por algunas calles de la ciudad, pero repentinamente me sentí mal del corazón y tuve que acostarme sobre la hierba para descansar, mientras luchaba por respirar.

---

***¡Usted es el templo del Espíritu Santo!***
***¡Usted puede adorar a Dios en su corazón!***

---

En vez de orar, me había dedicado a trotar. Regresé al hotel bien, pero desde ese día oro siempre antes de ponerme a trotar.

Si se dispone a orar, necesitará de un "recorrido de oración"; esto es, de un plan que deberá seguir a fin de que, una vez que haya orado, pueda saber que lo ha hecho con eficacia y poder, y que ha cumplido el objetivo en el tiempo que le ha dedicado a la oración.

Una vez, Dios me mostró el tabernáculo de los israelitas en el desierto. Ellos habían salido de Egipto y se dirigían a Canaán.

Dios quería que los israelitas vinieran a Él y que lo adoraran mientras marchaban a Canaán. Dios le mostró a Moisés el modelo del tabernáculo y él lo construyó de acuerdo con las especificaciones divinas, y el pueblo vino y adoró a Dios.

¡Pero ahora, ese tabernáculo es USTED MISMO! La Biblia dice que somos "templo del Espíritu Santo". De manera que usted no necesita ir al desierto para encontrar el tabernáculo en el que Moisés adoró. ¡Usted es el templo del Espíritu Santo! Usted puede adorar a Dios en su corazón.

Usted puede adorarlo conforme al diseño de ese tabernáculo del desierto. Todas las enseñanzas del Antiguo Testamento fueron símbolos o sombras de las cosas espirituales que habrían de venir. Usted puede tener un maravilloso y fantástico "recorrido a trote en oración" a través del tabernáculo.

En el tabernáculo, el primer lugar que recordará es *el altar de bronce*. Allí el sacerdote sacrificaba a los animales, derramaba la sangre y quemaba su carne como ofrenda al Señor. Allí también, los pecadores recibían el perdón y la reconciliación con Dios. Este debe ser el punto de arranque de su trote personal de oración.

Usted tiene que comenzar en el altar de bronce. Este representa la cruz del Calvario donde el Señor Jesucristo se dio en sacrificio por nosotros. Usted tiene que comenzar junto a la cruz de Jesús. Tiene que comenzar a adorar a Jesús allí mismo. Allí fue crucificado por usted, y al adorar allí a Cristo, usted recuerda que Él perdonó sus pecados.

Al recordar la cruz, dé gracias a Jesucristo por el perdón y la salvación que Él le dio. Allí en la cruz, Él lo salvó a usted del juicio de los Diez Mandamientos. Sí, Jesucristo llevó sobre sí mismo el castigo de los Diez Mandamientos y los cumplió todos. El Señor cumplió con toda la ley, y nos abrió la puerta para que fuéramos salvos por la fe en Él.

*Señor, tú me libraste del juicio de la ley, y ahora vivo en el período de la gracia. Por fe en ti soy salvo. Te doy gracias por tu sangre que fue derramada. Te estoy agradecido por tu gracia, y aprecio lo que hiciste por mí.*

Mediante la cruz, Jesús se enfrentó a Satanás y lo desarmó. Por la sangre de Jesús, Satanás quedó desarmado; el diablo perdió allí todo poder y Dios destruyó por completo su reino. Al adorar a Jesucristo mi oración es:

*Jesucristo, ahora estoy libre del dominio de Satanás. Por tu sangre soy totalmente libre. Ya no le temo a Satanás ni a sus legiones de espíritus malignos. Soy más que vencedor sobre ellos en Jesucristo. ¡Por tanto, te alabo Cristo, por esa bendición! Gracias por haberme limpiado y perdonado.*

Después de esto alabo a Jesucristo por la reconciliación que se produjo entre Dios y yo:

*Señor, por Adán se produjo la enemistad entre Dios y nosotros, pero tú destruiste la pared de enemistad que nos separaba e hiciste posible la reconciliación. ¡Gracias, Jesucristo! Dios me ama y yo amo a Dios, y en ti tenemos una armoniosa comunión.*

Entonces Dios derrama su Espíritu Santo en mi corazón y comienzo a adorar de nuevo:

*Te amo. Te adoro. Te doy gracias por el poder de la sangre de Jesucristo que hizo posible esta comunión.*

---

**El Señor cumplió con toda la ley, y nos abrió la puerta para que fuéramos salvos por la fe en Él.**

---

Nuestra sanidad se logró en el Calvario, por lo tanto alabo de nuevo a Jesucristo por la sanidad que ganó para mí:

*Amado Señor, tú tomaste sobre ti mismo nuestras enfermedades y las llevaste a la cruz, y por tus llagas fuimos curados. Te alabo, por tanto, por esta divina sanidad que lograste para nosotros.*

Cuando tenía diecisiete años de edad, estaba condenado a morir; me habían desahuciado por la tuberculosis. Los médicos me dijeron que me quedaban sólo seis meses de vida. En esos días me hice cristiano. Leí la Biblia y en ella encontré a Jesucristo como mi Sanador. Vine a Él y le pedí que me tocara y me sanara. Con su mano poderosa Él me sanó, y me levantó de mi lecho de muerte.

Hasta ese momento no había visitado ninguna iglesia, ni escuchado un sermón. ¡Sólo había aceptado la Biblia; la leí y conocí a mi Cristo! ¡Él es el gran Sanador! Por tanto, alabo a Dios con sumo amor y gratitud en mi corazón por la sanidad que Él me dio.

Mientras sigo contemplando la cruz, recuerdo que Jesucristo también quitó la maldición que fue puesta sobre Adán. Cuando Adán y Eva cayeron, trajeron la maldición de Dios sobre sí mismos y sobre las generaciones posteriores. Dios maldijo la tierra y la maldición sobre Adán cayó sobre nosotros. A partir de Adán, los seres humanos han vivido bajo gran maldición y sufrimiento, y todos los avances científicos y el progreso social no han podido proporcionar verdadera felicidad al corazón de las personas. Pero Jesucristo vino al mundo y quitó la maldición que pesaba sobre nosotros. Gálatas 3:13,14 dice:

> Cristo nos redimió de la maldición de la ley, hecho por nosotros maldición (porque está escrito: Maldito todo el que es colgado en un madero) para que en Cristo Jesús la bendición de Abraham alcanzase a los gentiles.

Como sé esto, adoro al Señor, y digo:

> *Señor Jesucristo, tú me has librado de la maldición, me has bendecido con la bendición de Abraham, y ya no vivo más en el terreno de la maldición. Ahora vivo en el seno de Abraham y soy una persona bienaventurada. Por tanto, seré bendecido en todo lo que emprenda.*

Sí, usted es bienaventurado por haber quedado libre de la maldición. ¡Aparte de su mente todo pensamiento de duda! Dígase a sí mismo cada mañana que usted es bendecido por Dios. Dígale a Dios que usted ha sido bendecido con el bendito Espíritu Santo. Cuando viajo al exterior y sigo este "recorrido a trote en la oración" temprano cada mañana, le doy gracias a Dios por esta bienaventuranza y porque, por tanto, mi ministerio será de bendición a las personas.

Jesús también le liberó de la muerte y del infierno. Por consiguiente, al estar usted frente a la cruz puede adorarlo y darle las gracias por haberlo librado de la muerte y del infierno. Diga:

> *Jesús, tú me libraste de la muerte al morir en mi lugar y así conquistar el infierno. ¡Tú me abriste la entrada al Reino de los cielos, y ya no temo más a la muerte! Te adoro, te amo.*

Así, pues, al meditar y orar de esta manera frente a la cruz, comienzo mi trote de oración. Usted puede permanecer en el punto de partida de la cruz durante unos diez o quince minutos, según lo desee su corazón.

Luego dejo el lugar de la cruz y voy al siguiente: *a la fuente de bronce*. Esta fuente está llena de agua. Aquí los sacerdotes se lavaban, para estar purificados y santificados antes de entrar al tabernáculo. Así, después de haber dejado atrás la cruz, estoy ahora de pie frente a la fuente, el lugar de santificación. Allí me detengo y oro de nuevo. Digo:

> *Señor Jesucristo, soy cristiano, y he sido liberado de Satanás.*

Ahora tengo que vivir como un cristiano, hablar como un cristiano y pensar como un cristiano. No debo ser un cristiano de nombre sino que debo serlo en lo más profundo de mi corazón. El problema general hoy es que los cristianos ya no son luz y sal del mundo. Muchos de ellos tienen religión, pero no tienen a Jesucristo. Lo que necesitamos es una experiencia verdadera con Jesús en nuestra vida. Al estar ante la fuente imploro:

*Padre, hazme íntegro. Hazme por la Palabra y por el Espíritu una persona virtuosa. Hazme una persona honrada. Son tantas las personas que hoy se encuentran viviendo en la mentira: le mienten a Dios, le mienten a sus vecinos y nadie cree en ellas. Te ruego, Padre, que me hagas una persona honrada.*

Luego continúo:

*Padre celestial, haz de mí una persona fiel y digna de confianza. Ayúdame a vivir cada día en santidad, verdad y fidelidad. Ayúdame a traer siempre a ti los diezmos. Y haz que me convierta en un fiel ganador de almas. Conviérteme en un fiel hijo tuyo, haz que pueda perdonar y amar a las personas.*

Es sumamente importante perdonar a todos. Son muchos los que toman a la ligera el perdón, pero en la Biblia encontramos que cada vez que Jesús pidió a las personas que oraran les mandó que perdonaran.

Una atractiva dama acostumbraba a venir a mi oficina en la iglesia para que orara por ella. Tenía una hermosa sonrisa, que siempre disfrutaba, pero sufría de una parálisis facial parcial. Tenía el rostro retorcido, y los nervios de la cara estaban contraídos todo el tiempo. Sentía compasión por ella. Había acudido a muchos médicos tratando de encontrar remedio para su enfermedad, pero los médicos no habían podido hacer nada. Había puesto mis manos sobre ella en oración muchas veces, pero nada había ocurrido; nada en absoluto.

---

*En la Biblia encontramos que cada vez que Jesús pidió a las personas que oraran les mandó que perdonaran.*

---

Yo estaba desconcertado y ella desanimada. Entonces, un día vino a mi oficina.

—Pastor, esta mañana, cuando me encontraba orando una vez más por mi sanidad, recibí una revelación — me dijo —. Dios no me habló de sanidad sino de perdón. Él me dijo: 'No dejes ni siquiera una gota de odio en tu corazón. ¡Perdona a todo el mundo! No quiero que guardes odio en tu corazón.'

—¿Es esta una revelación de Dios? — me preguntó.

—¡Sí! ¡Esa es una revelación de Dios a su corazón! — sin poder contener mi emoción exclamé —. ¡Eso está en la Biblia!

—Pastor, tengo un problema — continuó ella —. No puedo amar a mis suegros. Hemos estado viviendo bajo el mismo techo, y yo he hecho muchas, muchas cosas buenas por ellos; pero son una espina clavada en mi carne, ¡y yo . . . yo los odio! No puedo amarlos. Tengo ese problema. Francamente, ¡no puedo amarlos!

—Hermana, no se preocupe por eso ahora — le dije —. La Biblia no habla en primer lugar de amar, sino de perdonar. Después que los haya perdonado, si todavía le quedan energías, comience a amarlos. Pero si no le queda nada de energía, limítese simplemente a perdonarlos.

— Muy bien — respondió ella —, puedo perdonarlos.

— ¡Magnífico! Hagámoslo ahora.

Entonces nos arrodillamos y mientras lloraba, comenzó a perdonarlos:

*Padre, perdono a mi suegro, a mi suegra, a mi cuñado y a mis cuñadas. Padre, dame el deseo y el poder de perdonarlos.*

¡Instantáneamente aquella mujer fue sanada! Su rostro se volvió normal. Yo estaba más impactado que ella. Había orado por esa hermana, pero no estaba preparado para lo que ocurrió. En ese momento, yo también recibí un mensaje del Señor. Al igual que ella, yo también había estado luchando en ese tiempo con cierto odio que había en mi corazón.

En nuestra iglesia tenemos quinientos ancianos gobernantes, cincuenta y un mil diáconos y setecientos mil miembros. Hay tantas personas a las que hay que amar, y a veces muchas a las cuales se puede detestar. Me parecía de lo más natural que, por el hecho de ser humanos, tengamos que amar y odiar. Pero cuando vi ese día la liberación que se había producido en un miembro de mi iglesia después de perdonar a sus parientes políticos, quedé impactado. En el acto, me arrodillé y dije al Señor:

*Mi Dios, perdono a todos los ancianos gober-
nantes de mi iglesia. Perdono a todos los diáconos. Perdono a este y también a aquel hermano.*

Después de orar, experimenté un gran alivio,
resulté más bendecido que aquella mujer. Se
había producido un cambio en mi corazón, y a
partir de ese momento, no importa lo que ocu-
rriera, no dejaría que ni siquiera una gota de odio
quedara en mi corazón ni un solo instante.

***
**Perdonar no es tan difícil.
Amar a las personas es lo difícil.**
***

Por consiguiente, comencé en el punto más
fácil. Digamos a Dios: "Señor, perdono."

En la fuente de bronce, también oro:

*Padre, hazme una persona humilde. Quita
de mi corazón cualquier espíritu de altivez.
Hazme dócil delante de ti. Hazme paciente.*

Además le pido al Señor que me libre de la
avaricia, que es idolatría.

Cada día, al orar, voy a través de todos estos
puntos. Si usted desea añadir otros, puede hacerlo. Estos son sencillamente mis puntos. Por
mi oración, el Espíritu Santo sigue santificándo-
me y transformándome cada día que pasa, y Él
también producirá ese cambio en usted.

A veces me resulta difícil mantenerme humilde porque son muchos los miembros de mi iglesia
que se me acercan para elogiarme. Esto me hace
sentir incómodo y por tanto, hago siempre la
oración antes mencionada y el Espíritu Santo me
muestra cuán incompetente soy sin Él.

Después de dejar la fuente de bronce, usted trotará hacia *el lugar santo.* Al acercarse allí, usted verá en el lado izquierdo *un candelero de oro* encendido. No hay ninguna otra luz, aparte de la del candelero. Usted no puede traer ninguna otra luz al lugar santo. Esta luz representa al Espíritu Santo. El Espíritu Santo es la única luz que hay en el lugar santo con Dios. Él es la única luz que le revelará su pecado y la rectitud que Dios espera de usted.

---

**Hay una sola fuente de luz,
y esa es la luz del candelero de oro.
Es la luz del Espíritu Santo.**

---

Usted no puede explicar la obra de Dios mediante la psicología, la historia, la filosofía o la arqueología. Estas cosas carecen de sentido y de utilidad para el crecimiento espiritual. Hay una sola fuente de luz, y esa es la luz del candelero de oro. Es la luz del Espíritu Santo.

En este candelero hay siete brazos, y usted ve las siete luces. Son los siete espíritus que están brillando delante del trono de Dios. Usted está de pie ante el candelero de oro, y ora así:

*Santo Espíritu, tú eres el Espíritu de Dios y el Espíritu de Jesucristo. Tú estás con nosotros ahora, y te confieso. Te doy la bienvenida. Te adoro. ¡Gracias! Amado Espíritu Santo, tú eres el Espíritu de inteligencia. Dame tu entendimiento. Tú eres el Espíritu de consejo. Dame tu sabio consejo. Tú eres el Espíritu de Poder. Dame tu poder y hazme sobrenaturalmente fuer-*

*te. Tú eres el Espíritu del conocimiento de Dios. Dame a conocer a Jesús y a Dios. Tú eres el Espíritu de temor del Señor. Haz que me conduzca humildemente ante el Señor y en el temor de Él. ¡Espíritu Santo, sin ti no puedo hacer nada! A través de ti, puedo ser usado por Dios.*

Sí, sin el Espíritu Santo viviente, ¡no somos nada, no somos nadie! Muchas personas piensan que el Espíritu Santo es sólo una experiencia que se recibe. Ese es un error, y muy peligroso. El Espíritu Santo es una persona majestuosa.

---

**Muchas personas piensan que**
**el Espíritu Santo es sólo una experiencia.**
**El Espíritu Santo es una persona majestuosa.**

---

Trato siempre al Espíritu Santo como una persona muy amada. Así, pues, cuando me levanto cada mañana le digo:

*Querido Espíritu Santo, te doy la bienvenida hoy. Te adoro. Gracias por tu obra en mi vida. Necesito de ti. Guíame siempre hacia la gracia de Jesucristo y el amor de Dios. Con tu ayuda, voy a llevar a Jesús a esta moribunda generación.*

Y antes de predicar, le digo siempre:

*¡Espíritu Santo, ven conmigo!*

Él es el Señor de la cosecha. Él es el Pastor principal de mi iglesia, y yo su subalterno. Tengo siempre que depender de mi Pastor principal, y al hacerlo, el Espíritu Santo da siempre la sabiduría, la inteligencia, el consejo, el poder, el conocimiento y el temor del Señor. Es sumamente importante recordar esto.

Las personas dicen que he formado la iglesia más grande del mundo, pero en realidad ha sido el Espíritu Santo quien lo ha hecho, y yo siempre lo reconozco. Sin el Espíritu Santo no somos más que vasijas quebradizas. Sí, el Espíritu Santo es una persona muy real, ¡una persona majestuosa!

El Espíritu Santo es también su abogado, su líder, su guía, su consolador. La obra y el ministerio de Él en usted es formidable. ¡Cuánto lo amo! Dios está en su trono, Jesucristo está sentado a su diestra, pero el Espíritu Santo se encuentra morando dentro de usted. Él está con nosotros en la iglesia. Él es el administrador del amor de Dios y de Jesucristo. Sin Él, la iglesia no es más que un edificio vacío. Lo que le hace falta a esta generación es tener una nueva revelación de la importancia de la persona del Espíritu Santo. Cualquier iglesia o denominación sin la presencia del Espíritu Santo no es más que un sepulcro sin vida.

Cuando viajo a Europa veo allí el cementerio del cristianismo. Una vez hubo cristianismo, pero ahora lo que veo es su tumba. Hay todavía muchas grandes catedrales, pero Europa es ahora un continente sólo para el turismo.

Muchas iglesias están vacías. ¿Cómo es posible que la obra de Dios cayera allí en bancarrota? ¡Increíble! Pero en Europa he encontrado que la obra del Rey se fue a la quiebra. ¿De quién es la culpa, de Dios o de los cristianos? ¡De los cristianos!

¿Está usted también en bancarrota espiritual? Si es así, usted le ha fallado a Dios. ¿Por qué? Porque ha desdeñado al Espíritu Santo. El Espíritu Santo es portador del amor de Dios, pero usted lo ha apartado y en su lugar ha puesto a un comité humano. Este comité humano trató de hacer el papel del Espíritu Santo, pero lo que este comité hizo fue destruir la labor de Dios y llevarla a la bancarrota. ¡Qué vergüenza para todos nosotros!

Debemos despertar a la verdad de que Satanás y el mundo incrédulo se están riendo de nosotros por la muerte del cristianismo en muchas partes del mundo. Pero Jesucristo desea resucitar al cristianismo por medio del Espíritu Santo. Necesitamos que se produzca un nuevo Pentecostés en Europa. ¡Tenemos que encontrar de nuevo al Espíritu Santo! Usted tiene que restablecer su relación con el Espíritu Santo.

> **Cualquier iglesia o denominación**
> **sin la presencia del Espíritu Santo**
> **no es más que un sepulcro sin vida.**

Nací y fui criado como budista, sin saber nada de la religión cristiana, y sin darme cuenta de ninguna diferencia entre catolicismo y protestantismo. Sólo veía a Jesucristo como Salvador. Al comienzo, no tenía mucho interés por las denominaciones porque Cristo era el centro del cristianismo. Las denominaciones sin Jesucristo no son sino sepulcros. ¿Por qué ir a un sepulcro y vivir allí? ¡Pero cuando el Espíritu Santo entra en acción en las denominaciones todas ellas resucitan a la vida! Por consiguiente, cuando se encuentre trotando en la oración, pida al Espíritu Santo que le visite y lo renueve.

Ahora deja el candelero y se dirige al lado derecho, donde encontrará *la mesa con los panes de la proposición*. El pan de la proposición simboliza al cuerpo de Jesucristo. A Él se dirigirá usted y adorará con la Palabra de Dios. Hoy día las personas menosprecian terriblemente la Palabra de Dios y lo que hacen es confiar en sus emociones; se desvían de la senda correcta hacia las herejías. Usted necesita volver a la Palabra de Dios y leerla cada día. Cada día debe estar de pie frente al pan y decir:

*Padre celestial, permíteme comer hoy el pan de tu Palabra. Concédeme la comprensión de tu Palabra, dame una revelación profunda de ti y de Jesucristo para mi propio crecimiento interior y para que la comunique a los demás.*

Si usted ora de esta manera, sentirá hambre por la Palabra de Dios y querrá leer e invertir tiempo en la Palabra porque ella depositará fe en su corazón. Venir una sola vez por semana a la iglesia para estar en contacto con la Palabra no es suficiente. Ore por sentir un amor tal por la Palabra de Dios que lo alimentará a lo largo de toda la semana.

Usted sigue trotando, y después de dejar la mesa de los panes de la proposición encontrará *el altar del incienso*. En él, el sacerdote quema incienso las veinticuatro horas al día que llena al santuario de grato olor para Dios. El incienso representa las alabanzas de los santos de Dios.

En el altar, al estar de pie ante la fragancia del incienso, levante sus manos y adore a Dios. Cuando me encuentro allí, recuerdo las bendiciones pasadas y un espíritu de alabanza surge de mi corazón:

> *Dios, te doy gracias por la sanidad que hiciste en mí, por enviar a tantos en mi ayuda, y te doy gracias por la iglesia que me diste.*

Al encontrarme adorando, rememoro todo lo bueno que Dios ha hecho en mi vida, y sólo alabo, no me quejo de nada. Ante este altar hay que ofrendar el incienso de la alabanza como perfume grato al Señor. La alabanza es el más fragante aroma al Señor. La alabanza es el incienso más fragante que nuestro Padre celestial desea recibir de nuestros labios.

> *Gracias, mi Dios, porque eres mi Padre. Gracias por librarme de todo temor futuro. Ya sea que viva, o que muera, tú eres mi Dios. Tú eres Todopoderoso y Soberano. Te obedezco y confío en ti. A veces hasta tarareo una canción para Él.*

---

**La alabanza es el incienso más fragante que nuestro Padre celestial desea recibir de nuestros labios.**

---

Dejamos el altar del incienso y atravesamos ahora *la cortina* que nos da acceso al lugar santísimo. En medio del lugar santísimo encontrará *el arca del testimonio.*

La gloria de Dios, o *shekinah,* está reposando sobre *el arca del testimonio.* El arca representa a Jesucristo. Allí recordamos que Jesucristo, nuestro sumo sacerdote, derramó su sangre, sangre mediante la cual recibimos justificación, santificación y glorificación. En el interior del arca del testimonio encontramos *las tablas* de los Diez Mandamientos. Estos Diez Mandamientos nos recuerdan que Jesucristo es ahora nuestro nuevo pacto o testamento.

*¡Jesús, tú eres mi nuevo pacto, la certeza de mi salvación! Allí se encuentra también la vasija con el maná. Jesús, tú eres maná para mi vida en este día, y te doy las gracias por esto.*

En el arca del testimonio, vemos también la vara de Aarón que reverdeció. La gloria de Dios descansa sólo sobre el arca del testimonio.

*Jesús, tú eres mi resurrección, y a través de ti he surgido a una nueva vida. Un día tú regresarás para llevarme contigo al hogar celestial. Jesús, te amo, y a través de ti adoro a Dios.*

Hay muchos dioses en el universo, pero pertenecen al reino de Satanás. Nuestro Dios es el Padre de Jesucristo. Él es nuestro único Dios. Usted jamás debe servir a otro Dios distinto al Padre de Jesucristo. Por tanto, en el arca del testimonio adoramos a Dios nuestro Padre, a través de Jesucristo.

*Padre, tú vienes a nosotros por medio de Jesucristo, y yo te adoro. Tú eres mi Padre, la fuente de toda mi vida.*

Por fin he llegado al *trono*, y ahora pido todo lo que necesito. En primer lugar, oro por mi esposa, ya que ella es la persona más querida de mi vida. Oro porque tenga éxito en su vida, y por su salud, así como también por mi vida y mi salud. Oro por mis tres hijos. El primero está casado y vive en Tokio, Japón; los otros dos residen en Los Ángeles, Estados Unidos. Uno de ellos estudia en un seminario, y el otro estudia una carrera empresarial en una universidad. Lamento no tener hijas. Siempre quise tener una, pero Dios no me concedió ese deseo y ahora sé el por qué: de haber tenido una hija lo más probable es que nunca hubiera viajado alrededor del mundo, sino que me habría quedado cuidando de ella en casa.

Después oro por mis padres, por mis hermanos y mis hermanas, por mi iglesia, por mis pastores asociados, por los ancianos gobernantes, y por los más de trescientos misioneros que tenemos por todo el mundo. Nuestra meta es tener quinientos misioneros.

Al llegar a este punto, mi hora de oración ha concluido y entonces me preparo para ir a mi oficina.

Si no puede dedicar una hora, emplee entonces sólo treinta minutos en su "trote de oración" y aun así será un tiempo de oración tremendamente eficaz ya que estará completo con adoración, alabanza, oración y la bendición de Dios para el día que tiene por delante.

Cuando termino mi trote de oración, siento la presencia de Dios. Siento también el poder de Dios en mi corazón, al no haber desperdiciado ni un solo instante. Si carece de un plan definido para orar, como lo es el "recorrido a trote en la oración", entonces divagará y se sentirá confuso en la oración, al punto de que quizás ni siquiera recuerde las cosas por las que oró.

---

*Usted debe orar con eficacia y poder, así podrá saber al terminar de orar que ha realizado a cabalidad su tiempo de adoración y oración.*

---

Hago este trote de oración tres veces al día: una hora en la mañana, una después de almorzar y una en la noche. Si sigue este modelo de oración, su tiempo de oración jamás será algo aburrido, sino que tendrá siempre el entusiasmo de orar todos los días y además podrá concentrarse bien en la oración. Algo bueno le ocurrirá a su vida. Por tanto, ¡ore! Si me preguntara qué palabras me gustaría dejar al morir, le diría a los cristianos: "¡Oren!"

# 6

# EL PADRENUESTRO

Los discípulos de Jesús le pidieron que les enseñara a orar. No le pidieron que los enseñara cómo preparar sermones, cómo orar por los enfermos o cómo expulsar demonios. Le pidieron a Jesús que los enseñara a orar. La razón es que ellos sabían, después de meditar con profundidad en el ministerio de Jesucristo, que todo su poder mostrado en la tarea que Dios le había asignado se debía a su vida de oración, ya fuera predicando, sanando enfermos o echando fuera demonios.

Muy temprano en la mañana, Jesús oraba en lugares apartados. También oraba con frecuencia durante toda una noche. La gran obra realizada por Jesús mediante su vida de oración era conocida por sus discípulos, razón por la cual le pidieron que los enseñara a orar. Y Jesús les enseñó a orar de acuerdo con la oración del Señor o el padrenuestro que se encuentra en Mateo 6.

¿Cómo enseñó Él a sus discípulos a orar por

medio del padrenuestro? ¿Cómo podemos nosotros aprender a orar de acuerdo con este modelo?

Lo primero que les enseñó Jesús en esa oración fue: *Padre nuestro que estás en los cielos, santificado sea tu nombre,* y es así como debemos comenzar a orar. Muchos de nosotros, sin embargo, desconocemos los numerosos nombres de nuestro Padre Dios.

En el Antiguo Testamento, "Jehová" es un nombre redentor. En otras palabras, es un nombre que le otorga salvación al hombre. En la Biblia podemos encontrar siete nombres para nuestro Padre celestial, que han sido revelados al hombre, y si mencionamos los nombres de nuestro Dios, si empleamos esos nombres, uno a uno, al orar, su nombre será en realidad santificado. Esta es una experiencia muy hermosa que los cristianos debieran disfrutar cada día.

## 📖 *JEHOVÁ-JIREH*

Cuando Abraham llevó a su hijo Isaac al monte Moriah para ofrecerlo en sacrificio, en obediencia al mandato de Dios, el Señor se lo impidió e hizo provisión en su lugar de un carnero. Abraham ofreció entonces ese carnero como ofrenda quemada y llamó a ese lugar con el nombre de Jehová-jireh, que significa: "El Señor proveerá." Con ese nombre, Dios nos dice que Él hace provisión para todos nosotros. Dios lo sabe todo. Él lo previó todo y lo prepara todo según su providencia. Esta providencia se halla bien descrita en 1 Corintios 2:9:

Antes bien, como está escrito: Cosas que ojo no vio, ni oído oyó, ni han subido en corazón de hombre, son las que Dios ha preparado para los que le aman.

Así pues, al orar, debemos recordar que su nombre es Jehová-jireh y verlo como nuestro "proveedor". Debemos confiar en Él y alabarlo porque Él en realidad hace provisión de todo para nosotros. Por tanto, debemos confiar plenamente en Él y pedirle que nos conduzca según su voluntad en lo que nos ha dado.

### 📖 *JEHOVÁ-RAFA*

Este nombre aparece en Éxodo 15:26. Cuando los israelitas llegaron a Mara, estaban sedientos. Pero el agua que encontraron era tan amarga que no pudieron beberla. Entonces se pusieron a murmurar contra Dios y contra Moisés. Este clamó a Dios, y el Señor le mostró un árbol. Moisés echó las ramas del árbol en las aguas y estas se endulzaron al instante. Allí fue probado Israel, pero Dios les dijo:

Si oyeres atentamente la voz de Jehová tu Dios, e hicieres lo recto delante de sus ojos, y dieres oído a sus mandamientos, y guardares todos sus estatutos, ninguna enfermedad de las que envié a los egipcios te enviaré a ti; porque yo soy Jehová tu sanador.

Éxodo 15:26

En el idioma hebreo "yo soy Jehová tu sanador" se dice Jehová-rafa. Por tanto, sabemos que el nombre de nuestro Padre es también Jehová-rafa. En Él hallamos, por fe, sanidad física y espiritual. Lo sabemos por experiencia, y por tanto, venimos a Dios mediante Jesucristo, con grandes esperanzas de recibir sanidad. Le damos gracias por ser nuestro Jehová-rafa, nuestro Sanador, y lo alabamos por su gracia sanadora sobre nosotros.

En 1 Pedro 2:24 leemos que el Señor Jesucristo llevó nuestras debilidades en su cuerpo sobre el madero en obediencia a la voluntad de su Padre. "Por cuya herida fuisteis sanados." Cuando oremos, debemos reconocer sin sombra de duda nuestra fe en nuestro gran Sanador y darle gracias. Debemos alabarlo y exaltar su nombre como nuestro Jehová-rafa.

## 📖 *JEHOVÁ-NISSI*

En Éxodo, capítulo 17, aparece el relato del ataque de Amalec contra Israel en Refidim. Moisés envió a Josué con soldados al campo de batalla, pero se dirigió con Aarón y Hur a la cumbre de una colina para orar. Cuando Moisés alzaba sus brazos Israel prevalecía, pero cuando los bajaba, prevalecía Amalec. Los brazos de Moisés se cansaban, por lo que Aarón y Hur tomaron una piedra y la pusieron debajo de Moisés, y él se sentó sobre ella, mientras seguían sosteniendo sus brazos hasta que se ocultó el sol. ¡Josué ganó la batalla! Allí, Moisés construyó un altar y llamó su nombre Jehová-nissi, que significa: "Dios es mi estandarte de victoria." Por este hecho, debemos aprender que todas las victorias de nuestra vida las logramos en Jehová-nissi. Bajo este estandarte de victoria, estamos llamados a pelear las batallas de nuestra vida con oración. Todos los días debemos dar gracias a nuestro Padre, Jehová-nissi, por las victorias que alcanzamos.

## JEHOVÁ-SALOM

En Jueces 6:24, el nombre de nuestro Dios aparece como Jehová-salom. Cuando Jerobaal —cuyo nombre era también Gedeón —, vio a Dios, se atemorizó y pensó que moriría. En los días del Antiguo Testamento, si una persona veía a Dios pensaba que moriría irremediablemente. Pero Dios lo tranquilizó al decirle: "Paz a ti; no tengas temor, no morirás." Gedeón pensó que moriría por haber visto al ángel del Señor, pero Dios le dijo que no moriría. Allí, Gedeón construyó un altar al Señor y lo llamó Jehová-salom. Dios nos ha dado a usted y a mí, paz a través de su Hijo Jesucristo y por tanto, podemos presentarnos con toda confianza ante Dios, con suma paz y esperanza en nuestro corazón. Por haberlo visto con fe, podemos dar gracias y alabar a Dios como nuestro Jehová-salom, nuestra paz.

## JEHOVÁ-RA'AH

El Salmo 23 dice: "Jehová es mi pastor; nada me faltará." Aquí *ra'ah* significa "pastor". En la Biblia, Dios se nos revela como nuestro Pastor. Somos su posesión, así que debemos alabarlo y darle gracias por guiarnos, alimentarnos, enseñarnos y protegernos como un verdadero pastor lo hace con su rebaño. Debemos, entonces, poner toda nuestra confianza, con todo nuestro cora-

zón, en nuestro Pastor: seguirlo con todas nuestras fuerzas y exaltarlo.

### 📖 *JEHOVÁ-TSIDKENU*

Este nombre significa "el Señor justicia nuestra". El Señor tomó a Aquel que no conoció pecado, y lo hizo pecado en lugar nuestro, para que
nosotros pudiéramos ser hechos justos por Dios.
Ahora tenemos la justicia de Dios en Jesucristo
al haber puesto nuestra fe en Cristo. Por ser el
Señor nuestra *tsidkenu*, nuestra justicia, debemos darle gracias y alabarlo.

### 📖 *JEHOVÁ-SAMA*

En Ezequiel 48:35 está escrito: "Jehová-
sama", que quiere decir: "Dios está aquí." Su
significado es que la presencia de Dios estará en
su templo durante todo el milenio. De la misma
manera que la vida de un cristiano ha sido transformada para convertirse en el templo de Dios
donde mora el Espíritu Santo, y donde Dios
estará siempre dentro de nosotros, Jehová-sama
quiere decir que Dios estará siempre dentro de
nosotros, sus hijos. Al saber esto, podemos vivir
confiados de que Dios estará siempre con nosotros, no importa lo que suceda en nuestra vida.

Así pues, después de decir: "Santificado sea
tu nombre", podemos continuar orando al Señor
llamándolo por cada uno de sus maravillosos
nombres, meditando profundamente en sus sig-
nificados para nosotros, pensando en cómo cada
nombre se aplica personalmente a cada uno de
nosotros como lo que somos: sus hijos. Al santi-
ficarlo por cada uno de sus nombres, la alabanza

y la acción de gracias fluirán de nosotros. A través de cada uno de sus nombres, Dios se relaciona con nosotros más personalmente y lleva a cabo la obra que su nombre implica.

En segundo lugar, el Señor nos enseñó en su oración: *Venga tu reino.* Nuestro Señor Jesucristo trajo el reino de Dios a la tierra. En su predicación Él decía: "Arrepentíos, porque el reino de los cielos se ha acercado." ¡Jesús invadió el reino de Satanás y predicó en él el reino de Dios!

---

### ¡Con su muerte y resurrección, Jesús abolió el poder de la muerte y del infierno!

Sin embargo, para que el reino de Dios pudiera ser establecido en medio de la raza humana, Jesús voluntariamente fue a la cruz. Sólo a través del sacrificio de su cuerpo y de su sangre derramada fue que el reino de Dios pudo entrar en la historia humana, para bien nuestro, trayendo consigo el perdón de los pecados, la limpieza del pecado, la reconciliación con Dios y la obra del Espíritu Santo en el mundo.

El reino de Dios hizo también posible que fuera quitada la maldición que pesaba sobre la descendencia de Adán, y que estuvieran a nuestro alcance las bendiciones prometidas a Abraham. ¡Con su muerte y resurrección, Jesús abolió el poder de la muerte y del infierno!

Ahora, por medio del reino de Dios, tenemos el quíntuplo mensaje del evangelio y la triple bendición que hay en la salvación. Ahora que esas provisiones están al alcance de toda persona, en cualquier parte, todo aquel que invoque el nombre del Señor será salvo (Romanos 10:13); y quienes pongan su fe en Jesucristo recibirán sus bendiciones: prosperidad y sanidad, sin importar cuáles sean sus condiciones, al haber sido vivificados sus espíritus. ¡El reino de Dios sigue presente hoy en la Iglesia y dondequiera que el nombre de Jesús es exaltado!

---

**¡El reino de Dios sigue presente hoy en la Iglesia y dondequiera que el nombre de Jesús es exaltado!**

---

Toda nación tiene que tener un gobierno, así como fuerzas militares y policiales vigorosas. La Iglesia, el Cuerpo de Cristo, debe ser no sólo el gobierno del reino de Dios, sino además, exhibir el gran poder del Espíritu Santo para que la "naturaleza" del reino de los cielos se muestre hoy en ella.

Nuestro Señor Jesucristo nos enseñó cómo pedir la presencia del Espíritu Santo, de modo que los milagros y las maravillas del reino celestial se pongan de manifiesto en el Cuerpo de Cristo, y que esto sirva también de testimonio a los incrédulos. El gran poder de Dios actuando en su Iglesia será el equivalente de las vigorosas fuerzas militares, que derrotarán a las fortalezas de Satanás que tratan de atacar a la obra de Dios y a su pueblo.

El poder del Espíritu Santo también pondrá en acción el quíntuplo mensaje del evangelio y a la triple bendición que hay en la salvación, para que estos se hagan realidad en la vida de los creyentes. Esto hará que el reino de Dios se expanda.

---

*El gran poder de Dios actuando en su Iglesia será el equivalente de las vigorosas fuerzas militares, que derrotarán a las fortalezas de Satanás que tratan de atacar a la obra de Dios y a su pueblo.*

---

Los cristianos deben pedir en oración, con toda intensidad y esperanza, que venga el reino de los cielos.

En tercer lugar, nuestro Señor nos enseñó a orar: *Hágase tu voluntad, como en el cielo, así también en la tierra.* La voluntad de Dios ya se ha cumplido en el cielo, eternamente, porque Dios es el Alfa y la Omega, el principio y el fin. Son sólo Satanás y los que viven bajo su potestad los que desconfían de Dios y se resisten a aceptar la voluntad de Dios en la tierra, los que ponen obstáculos para que ella no se cumpla en el mundo. Satanás y los incrédulos se han aliado para interferir.

Debemos orar pidiendo que la voluntad de nuestro Padre celestial sea aceptada por todos los habitantes del mundo y que su gloria llegue hasta sus vidas. Si oramos de esta manera, podremos expulsar los espíritus malignos que se opongan, y el Espíritu Santo doblegará la voluntad de los contumaces, les revelará a Jesucristo, y el reino de Dios entrará en sus vidas. Nuestra oración diaria debe ser, entonces: "Hágase tu voluntad, como en el cielo, así también en la tierra."

## La voluntad de Dios para nosotros es que recibamos cada día el alimento físico y el espiritual

En cuarto lugar, Jesús nos enseñó que, al orar, debemos decir: *El pan nuestro de cada día dánoslo hoy.* Debemos recibir de Dios, cada día, el alimento para el cuerpo material, para satisfacer nuestra hambre física, de la misma manera que recibimos cada día el alimento para nuestro ser interior. La voluntad de Dios para nosotros es que recibamos cada día el alimento físico y el espiritual, y Él nos proporciona ambos. De manera que, cuando le pedimos a Dios el pan de cada día, le estamos pidiendo por todas las necesidades de nuestra vida, reconociendo que todas nuestras necesidades pueden ser satisfechas por Él.

Para obtener nuestro alimento diario, tenemos que trabajar; para trabajar, debemos tener una preparación; y para lograr esta preparación hay que satisfacer numerosas necesidades materiales, tales como locomoción, habitación y comida. Podemos acercarnos a Dios con toda confianza, pedirle que nos dé estas cosas ¡y recibiremos de Él todo lo que pidamos! Dios quiere que le pidamos, y por eso nos enseñó a orar de esa manera.

En quinto lugar, nos enseñó a orar: *Y perdónanos nuestras deudas, como también nosotros perdonamos a nuestros deudores*. Aquí Jesús nos instruye con esta verdad: Si recibimos el perdón de Dios por nuestros pecados, ¡tenemos la obligación de perdonar a los que han pecado contra nosotros! Por consiguiente, si no perdonamos a quienes nos han ofendido, tampoco recibiremos perdón por nuestros pecados.

---

**Si recibimos el perdón de Dios por nuestros pecados, ¡tenemos la obligación de perdonar a los que han pecado contra nosotros!**

---

¡Esto es algo serio, y una realidad! Por tanto, después que hayamos perdonado a los demás las faltas cometidas contra nosotros, podemos pedir a Dios que perdone nuestros pecados y seremos perdonados. La Palabra de Dios nos enseña que hacemos mal si tratamos de vengarnos nosotros mismos en vez de perdonar, porque tomar venganza está en contra de la voluntad de Dios. Albergar resentimientos es fácil, pero perdonar es difícil; no obstante, para ser perdonados por Dios ¡tenemos que perdonar a los que nos han ofendido!

En sexto lugar, el Señor nos enseñó en su oración: *Y no nos metas en tentación*. La tentación es engañosa, y Jesucristo nos enseña que no debemos caer en la trampa del engaño. Todos los creyentes están expuestos a las tentaciones de Satanás, de la misma manera que lo están los incrédulos. Pero la Palabra de Dios nos enseña que debemos resistir al diablo, que es como un león rugiente buscando a quien devorar, y que debemos permanecer firmes en la fe. Para vencer o resistir la tentación necesitamos la ayuda de Dios todo el tiempo.

Mientras vivamos en este mundo estaremos expuestos al pecado, y viviremos rodeados de tentaciones por todas partes. A Satanás le gustaría tentarnos con los deseos de la carne, los deseos de los ojos y la vanagloria de la vida. También quisiera hacernos esclavos del secularismo. Por tanto, debemos aferrarnos fervientemente a Dios cada día, y orar: "Y no nos metas en tentación." Así experimentaremos su poder de preservarnos aun en medio de las tentaciones que nos rodean.

Por último, debemos decir en oración: *Mas líbranos del mal*. Nuestro enemigo, Satanás, es el maligno. En la cruz del Calvario fue desarmado, pero todavía sigue acusándonos ante el trono de Dios. Si escuchamos sus acusaciones y caemos en su trampa, él vendrá y sin detenerse para nada, tratará de robarnos, matarnos y destruirnos. Debemos, por tanto, orar cada día por la protección de Dios a fin de no ser engañados y derribados por Satanás.

---

**Resista a Satanás con valentía**
**y en todo momento,**
**y así no será víctima de sus tretas.**

---

La última vez que fui a África, uno de los ancianos gobernantes de nuestra iglesia que se encontraba participando en un safari, vio a una familia de leones matar a su dueño. La Palabra de Dios compara a Satanás con un león rugiente buscando a quien devorar. Satanás está acechando para dar su dentellada y despedazar sin piedad al creyente en espíritu, cuerpo y alma hasta devorarlo por completo. ¡Por esta razón el cristiano tiene que ser sobrio y estar vigilante!

# 7

# LA ORACIÓN
# MEDITATIVA

Los creyentes nuevos encuentran difícil, por
lo general, orar bien, y en su afán por aprender cómo hacerlo, a veces les toma algún
tiempo comenzar una vida de oración. Sin embargo, orar en voz alta será de mucho provecho
para esos nuevos creyentes y también para los
demás cristianos.

Percibir de forma audible la propia voz ayuda
a la persona a concentrarse y a orar pronuncian-
do, con facilidad y fervor, frases completas. El
propósito principal de la oración es la comunicación con nuestro Padre celestial, y al producirse
esta se desarrolla la comunión y el compañerismo con Él. Orar en voz alta aumenta esa comunión y compañerismo, y hace que el tiempo dedicado a la oración sea productivo. Orar así le da
a uno una mayor sensación de haber en realidad
conversado con el Padre. En las primeras etapas

del aprendizaje de la oración, orar en voz alta no sólo ha servido para enseñar a muchos a orar, sino que además ha desarrollado de manera eficaz su vida de oración y hasta la ha expandido. La oración audible ayuda también al creyente a darse cuenta de las trabas que tiene, para luego superarlas.

---

*El propósito principal de la oración es la comunicación con nuestro Padre celestial, y al producirse esta se desarrolla la comunión y el compañerismo con Él.*

---

Desde mis años de estudiante en el instituto bíblico (1958-1961), cuando di inicio a mi iglesia en una carpa, hasta el período 1961-1974 cuando nos mudamos a la zona céntrica del viejo Sudaemoon, y luego, cuando de nuevo nos mudamos a Yoido en 1974, donde nos encontramos ahora, acostumbraba a orar en voz muy alta. La Palabra de Dios nos dice en Jeremías 33:3:

> Clama a mí, y yo te responderé, y te enseñaré cosas grandes y ocultas que tú no conoces.

Jesús también oraba al Padre con ruegos, clamor y lágrimas por la salvación de los hombres. Está claro que suplicar y orar con clamor y lágrimas implica orar en voz alta. Clamar a Dios en voz alta es bueno para el alma, ¡pues así podemos expresar las necesidades profundas del corazón! Podemos orar así en la iglesia o en una montaña de oración; sin embargo, si lo hacemos en nuestra casa, en un avión, en el tren o en el autobús, debemos ser prudentes y considerados.

La oración en voz alta puede molestar a las personas, particularmente a los inconversos. No hay que olvidar que las personas también necesitan dormir. Sí, orar en voz alta es muy necesario, pero hay veces en las que hay que ser considerados con los demás. En momentos así, podemos considerar otro método de oración: La oración meditativa.

## ¿Qué es la oración meditativa?

Después que hayamos aprendido bien a orar en voz alta, podemos aprender a orar calladamente en forma mental, desde lo profundo del corazón. Esto se logra sólo después de desarrollar una vida de oración bien disciplinada.

En la oración meditativa uno puede concentrarse bien, en silencio, en los asuntos y las necesidades que desea llevar al Señor. Esto no significa que uno no debe proferir ninguna palabra cuando ora de esa manera. Se puede orar susurrando suavemente. Uno puede orar en voz baja, o no pronunciar ninguna palabra en absoluto, pero con la oración meditativa uno puede ser tan eficiente en el uso del tiempo destinado para orar, como si hubiera estado orando en voz alta. Al orar de esta manera, se pueden seguir bien los pensamientos, en forma ordenada. Este estilo de oración puede resultarle muy provechoso.

Viajo mucho por todo el mundo, y cuando debo pasar muchas horas en el avión volando sobre los océanos Pacífico o Índico, sólo cierro los ojos y oro en silencio. He aprendido muy bien a orar de esta manera, y al hacerlo disfruto de una profunda comunión y compañerismo con mi Señor; experimentando su amor, su poder y su gracia.

---

**A través de toda nuestra vida cristiana podemos hacer uso de diversas formas de oración.**

---

La oración meditativa se forma con los pensamientos de las muchas cosas por las que uno desea orar o adorar al Padre. Con la oración meditativa uno puede orar la oración al estilo libre, la oración posicional o temática, la oración del tabernáculo o la oración en ondas concéntricas, así como también la oración del padrenuestro que Jesús enseñó a sus discípulos. El creyente puede, además, escoger algunos versículos o pasajes selectos de las Escrituras y repetirlos en silencio, en actitud de oración, aplicándolos a sus necesidades personales.

En resumen, a través de toda nuestra vida cristiana podemos hacer uso de diversas formas de oración, orando algunas veces en voz alta, y otras en silencio, de acuerdo con el momento y el lugar donde nos encontremos. ¡Resulta muy bueno desarrollar también este estilo de oración meditativa!

# 8

# LA ORACIÓN DE
# ALABANZA

Orar a Dios por medio de la alabanza es algo que a Él le resulta muy valioso. Es acercarnos a nuestro Padre celestial desbordando gratitud y alabanza a su Nombre, sin mencionar necesidades personales específicas que podamos tener. Es un tiempo especial para expresar la gratitud y el vivo deleite que tenemos en el Padre. El Salmo 22:3 dice: "Pero tú eres santo, tú que habitas entre las alabanzas de Israel."

En el idioma hebreo, las "alabanzas" de Israel significa que Dios mora en el trono de las alabanzas. Cuando alabamos a Dios, el Espíritu de Dios se acerca hasta nosotros para morar en medio de nuestras alabanzas. Si no podemos orar y tocar a Dios por fe, si estamos en una gran aflicción o demasiado preocupados por los problemas de la vida, con sólo comenzar a alabar a Dios y seguir alabándolo, las fuerzas que oprimen a nuestro corazón se disiparán y alcanzaremos libertad espiritual para alabar a Dios sin ningún estorbo. El poder alabar y orar son dos cosas muy importantes para nosotros, como hijos de Dios, y también son importantes para Dios.

---

**Cuando alabamos a Dios,
el Espíritu de Dios se acerca hasta nosotros
para morar en medio de nuestras alabanzas.**

---

Después que los hijos de Israel marcharon siete veces alrededor del muro de la ciudad de Jericó, Josué le ordenó al pueblo que gritaran. ¡Y cuando el pueblo alabó a Dios, el muro de Jericó se derrumbó!

Cuando Pablo y Silas alababan a Dios en el calabozo de la cárcel, la tierra se estremeció y las puertas de la mazmorra se abrieron de par en par. ¡Alabar a Dios produce un extraordinario poder de Él en medio de nosotros!

## ¿QUÉ HAY QUE HACER AL ALABAR A DIOS Y CÓMO HEMOS DE ALABARLO?

Ante todo, debemos saber quién es y qué hace Dios, para luego alabarlo abundantemente. Él es *omnisciente*. Él es *omnipotente*. Él es *omnipresente*. Él *es el creador* de los cielos y de la tierra, y todas las cosas que en ellos hay. Él es *excelso*. Él es *glorioso*. Debemos alabar su *magnificencia*. Él es *santo*. Él es *justo*. Él es *amoroso*.

Podemos darle gracias por su bondad. Debemos recordar su gracia impartida sobre nosotros y alábarlo por ella. Él nos dio su Santo Espíritu para que podemos vivir en santidad. Él nos sana. Él nos libró de la muerte y del infierno, y nos dio vida eterna en Él. Por todo esto debemos alabarlo.

Dios obra en nosotros para que tengamos salud y prosperidad, al mismo tiempo que nuestros espíritus son avivados mediante Jesucristo. Dios nos dio abundancia de vida, y a través de toda nuestra existencia hemos experimentado sus abundantes y maravillosos dones.

---

*El poder alabar y orar son dos cosas muy importantes para nosotros, como hijos de Dios*

---

Cuando nos hemos visto en medio de las aflicciones y sufrimientos de esta vida, Él fielmente ha venido a nuestro rescate. Aún seguimos disfrutando de sus abundantes bendiciones, y debemos recordarlas con alabanza. Si recordamos su bondad para con nosotros en el pasado, y si estamos confiados en su bondad para el resto de nuestra vida, tendremos siempre muchas cosas por las cuales alabar a Dios.

La grandeza de la fe cristiana está en que le damos a Dios nuestra gratitud y alabanza. La Palabra de Dios afirma:

> El que sacrifica alabanzas me honrará; y al que ordenare su camino, le mostraré la salvación de Dios.                    Salmo 50:23

¡A Dios hay que darle toda acción de gracias y alabanza!, y aunque algunas veces no tengamos nada que pedir a Dios, sólo venir ante su presencia en adoración y alabanza nos permite saborear su gracia.

El salmista David fue reconocido como un hombre según el corazón de Dios por haber alabado al Señor al máximo, y nos dejó muchos salmos para que también nosotros lo alabemos. Al recordar el ejemplo de David, no debemos desestimar la oración de alabanza a nuestro Padre celestial.

**9**

# ORANDO EN UN LENGUAJE DE ORACIÓN

Los ministerios del Espíritu Santo para cada creyente son numerosos. Después de conducirnos a la salvación, Dios nos llena con su Espíritu y nos dirige conforme a su voluntad. Él nos da un lenguaje de oración muy personal, conocido como hablar en lenguas, que consiste en hablar en otros idiomas.

Hablar en lenguas, u orar en un lenguaje de oración, es una de las maneras hermosas en que Dios nos permite orar. Cuando los ciento veinte discípulos de Jesús recibieron el bautismo en el Espíritu Santo en el día de Pentecostés, hablaron en diversos idiomas. Eran idiomas terrenales que podían ser entendidos por todos los que escucharon, aunque procedían de países muy diferentes. Pero 1 Corintios, capítulo 12 y 14, nos dice que hay lenguas que no son comprensibles para las demás personas.

La Biblia dice que hablar en otras lenguas es

comunicar secretos por el Espíritu sólo a Dios. Hay quienes dicen que si los demás no pueden entender lo que se dice en otras lenguas, entonces no procede de Dios. Sin embargo, si recibimos la plenitud del Espíritu Santo, hablaremos algunas veces en una lengua conocida, y otras veces en una lengua desconocida para los hombres. Pero ambas son dadas por el Espíritu Santo.

---

*Cuando mi gratitud a Dios se desborda y no puedo expresarla lo suficiente con mis propias palabras, en mi idioma natural, hablo en lenguas y mi espíritu se renueva.*

---

Hay cristianos que preguntan: "¿Qué provecho hay si lo que alguien dice no se entiende?" Personalmente oro en lenguas gran parte del tiempo. Cuando mi gratitud a Dios se desborda y no puedo expresarla lo suficiente con mis propias palabras, en mi idioma natural, hablo en lenguas y mi espíritu se renueva.

Cuando no haya un asunto específico en la oración, el creyente puede también orar a Dios en lenguas porque será el Espíritu de Dios el que estará orando a través de él. En un culto de oración que dure toda la noche, cuando uno desea orar por más tiempo, el orar en un lenguaje de oración nos permitirá rogar libremente en el Espíritu por más tiempo.

Orar en lenguas no es orar con palabras humanas previamente pensadas. Orar en lenguas es la oración del Espíritu Santo, quien utiliza nuestra voz y nuestro espíritu. Orar en lenguas no pone sobre nosotros una carga mental; por tanto, si oramos en lenguas por un lapso mayor de tiempo, no nos producirá ninguna fatiga.

Muchos cristianos se preguntan si conviene o no hablar en lenguas. En 1 Corintios 14:2 dice: "Porque el que habla en lenguas no habla a los hombres, sino a Dios; pues nadie lo entiende, aunque por el Espíritu habla misterios." ¡Sólo los que tienen mucha intimidad intercambian secretos! Sólo damos a conocer nuestros secretos a nuestros amigos más íntimos; pero si se divulga, ya deja de ser un secreto.

La Palabra de Dios nos dice que hablar en lenguas es darle a conocer a Dios los secretos de nuestro corazón, mediante el Espíritu Santo. A través de las lenguas nos ponemos en íntimo contacto con Dios, pues para eso es necesario que haya mucha intimidad. A veces, tenemos la sensación de que Dios se encuentra muy lejos de nosotros, pero si oramos en lenguas experimentaremos la cercanía de su presencia rodeando y llenando nuestro corazón.

---

*Hablar en lenguas es darle a conocer a Dios los secretos de nuestro corazón.*

---

En segundo lugar, 1 Corintios 14:4 dice: "El que habla en lengua extraña, a sí mismo se edifica; pero el que profetiza, edifica a la iglesia." La palabra edificación en griego es *oikodomeo*; *oikos* significando "casa" y *domeo*, "construir la casa". Por consiguiente, el significado completo de la palabra es "construyendo una casa de fe, colocando uno a uno los ladrillos para construir la casa".

Así, al orar en lenguas nos edificamos a nosotros mismos, construimos nuestra casa espiritual de fe. Si no estamos edificados nosotros mismos, no podemos fortalecer ni edificar a otros creyentes pues no podemos dar lo que no hemos recibido. Así pues, para llevar a las demás personas a una fe más profunda, resulta muy recomendable orar en lenguas. Pablo afirmó: "Doy gracias a Dios que hablo en lenguas más que todos vosotros" (1 Corintios 14:18).

---

*Si no estamos edificados nosotros mismos, no podemos fortalecer ni edificar a otros creyentes pues no podemos dar lo que no hemos recibido.*

---

Hablar en lenguas no es algo para el oído de las personas, porque no resulta comprensible. De modo que si estamos orando solos, o con los demás hermanos en la iglesia, debemos orar en lenguas dentro del límite de tiempo de la oración, y hacerlo de tal modo que no molestemos a los que se encuentren cerca de nosotros. Pero, sea como sea, orar en lenguas es en realidad una gran bendición para experimentar más plenamente la gracia de Dios.

En tercer lugar, 1 Corintios 14:5 dice que si hay interpretación se podrá entender el mensaje dado en lenguas. En mi experiencia personal de oración, hablo en lenguas y también muchas veces las interpreto. Cuando el don de interpretación comienza a actuar en mí por el Espíritu Santo, me encuentro interpretando mis lenguas, y la mayoría del mensaje interpretado tiene que ver con palabras de alabanza y de acción de gracias a Dios. En otras oportunidades, Dios me ha comunicado directamente una enseñanza por medio de las lenguas y de su interpretación. Todos los que oren en lenguas deben pedir también el don de la interpretación, para poder entender lo que el Espíritu Santo ha hablado.

En cuarto lugar, orar en lenguas puede ser una señal a los incrédulos de que Dios está con nosotros. Escuchemos lo que dice 1 Corintios 14:22:

> Así que, las lenguas son por señal, no a los creyentes, sino a los incrédulos.

En el capítulo 2 del libro de Hechos, leemos que los discípulos de Jesús estaban reunidos en el aposento alto de la casa de Juan Marcos, cuando de repente descendió sobre ellos el Espíritu Santo; todos fueron llenos del Espíritu Santo, y comenzaron a hablar en otras lenguas. Los judíos que estaban presentes, que habían venido de otras partes del mundo, estaban atónitos escuchando a los discípulos hablar en las lenguas de los extranjeros. Estos discípulos oraban con tanto fervor, tanto en las lenguas conocidas como en otras lenguas, que cuando Pedro predicó el evangelio de Jesucristo, tres mil personas se arrepintieron de sus pecados. El hablar en otras lenguas llegó a ser para los incrédulos una gran señal de la presencia viva de Dios.

En Isaías 28:11-12 se nos dice que hablar en otras lenguas proporciona también mucha renovación y descanso a nuestra alma:

> Porque en lengua de tartamudos, y en extraña lengua hablará a este pueblo, a los cuales él dijo: Este es el reposo; dad reposo al cansado; y este es el refrigerio; mas no quisieron oír.

Por tanto, a los que viven en un mundo afligido y agitado, tanto física como mentalmente, el orar en lenguas les refrescará mucho, como ocurre cuando uno toma un vaso de agua fría en un caluroso día de verano.

Hoy día, hay muchos pastores desanimados y muchos de ellos han experimentado el agotamiento como resultado de su pesada carga ministerial. Pero el Espíritu Santo conoce sus necesidades, y si oran en lenguas, ¡ellos también experimentarán nuevas fuerzas, sanidad y refrigerio espiritual! Si nos encontramos fatigados y nuestro corazón está saturado de sufrimiento, el orar en lenguas nos ayudará extraordinariamente para recibir restauración. En realidad, orar en lenguas es orar por iniciativa de Dios, como nos dice Romanos 8:26:

> Y de igual manera el Espíritu nos ayuda en nuestra debilidad; pues qué hemos de pedir como conviene, no lo sabemos, pero el Espíritu mismo intercede por nosotros con gemidos indecibles.

Ya que vivimos en un mundo limitado por el tiempo y el espacio, no siempre estamos conscientes de los peligros o accidentes que pudieran sobrevenirnos. No obstante, Dios nos dice en la Biblia que Él conoce nuestras debilidades, y por tanto, el Espíritu Santo nos ayuda a orar. Como resultado, Él nos libra de peligros desconocidos y nos capacita para sobreponernos de una manera redentora a los sufrimientos de la vida. Cuando el Espíritu de Dios se mueve en nuestro corazón con un espíritu de intercesión y nos impulsa a orar, es posible que nos sintamos desanimados al no saber por qué cosas orar; pero los que oran en lenguas de manera intensa, pueden tener la seguridad de que es el Espíritu Santo quien ora a través de ellos por alguna necesidad urgente. Visto así, el orar en lenguas es algo fecundo y que produce gozo.

---

*Él conoce nuestras debilidades, y por tanto, el Espíritu Santo nos ayuda a orar.*

---

Una de las líderes de los grupos familiares de nuestra iglesia se encontraba caminando cierto día en el centro de Seúl cuando de repente se sintió impulsada a buscar un lugar donde orar. Se detuvo al instante, se dirigió a la esquina de una calle cercana, y allí de cuclillas se puso a orar intensamente en lenguas, sin saber la razón de ese apremiante deseo de orar. Cuando quedó aliviada de la intensa carga de oración y con paz en su corazón, se dio cuenta de que un considerable número de personas se había agolpado a su alrededor y que un agente de policía formaba parte del grupo. Este la reprendió severamente:

"Si quiere orar, hágalo en la iglesia, no en una esquina de la calle, donde estorba el tránsito de los peatones."

Cuando se disolvió el grupo, la líder del grupo familiar regresó a su casa y la encontró en un desorden total. Lo que ocurrió es que alguien había penetrado en su casa, revolcando todo lo que había en los dormitorios. En seguida pensó en sus joyas, en las libretas bancarias y en algo de dinero que había dejado en una gaveta. Recordando que con toda seguridad su esposo le echaría a ella la culpa por lo ocurrido, corrió hacia su habitación y se dio cuenta de que todo, en particular el contenido de una gaveta, había sido desparramado. Pero las joyas, las libretas bancarias y el dinero no habían sido tocados. Se encontraban exactamente donde ella los había dejado.

---

*El orar en lenguas nos permite apreciar más profundamente la gracia del amoroso cuidado de Dios para con nosotros.*

---

¡La hermana estaba estupefacta! En el preciso momento que el ladrón se encontraba buscando en las gavetas, el Espíritu Santo la había apremiado a orar y los ojos del asaltante se volvieron ciegos ante aquellos objetos de valor. Ese incidente se convirtió en una gran señal para su incrédulo esposo que, más tarde, recibió a Jesucristo como su Salvador y se preparó en un instituto bíblico para el ministerio. Hoy él es uno de nuestros pastores asociados. ¡Sí, orar en lenguas cuando el Espíritu nos llama a hacerlo,

resulta de gran bendición para nuestro crecimiento cristiano!

El orar en lenguas es en realidad una bendición de Dios que suple nuestras deficiencias
cuando oramos. ¡Por tanto, el buscar ser llenos
del Espíritu Santo y recibir el don de hablar en
lenguas es perfectamente legítimo!

# Conclusión

En este pequeño libro he expuesto diversos modelos de oración cristiana. No importa cuánto deseemos orar, si no sabemos cómo orar, no podremos orar con profundidad ni tampoco hacerlo durante una hora seguida. Sin embargo, si estamos bien informados en cuanto a las diversas maneras de cómo orar, y las utilizamos bien, podremos desarrollar un tiempo eficaz de oración de treinta minutos, o de una, dos o tres horas.

En la actualidad hay un movimiento creciente, a escala mundial, que está despertando a los cristianos de todas partes a orar como nunca antes lo habían hecho. Debido a esta nueva era de oración, los cristianos debemos saber cómo orar con eficacia, ¡y también debemos ser capaces de enseñar a los demás el conocimiento que hemos recibido en cuanto a cómo orar bien! Por consiguiente, será siempre deseable que escojamos varias maneras de orar y que oremos en la forma debida.

Si usamos la oración al estilo libre, la oración posicional o temática, la oración en ondas concéntricas, la oración del tabernáculo, el padrenuestro, la oración meditativa, la oración de alabanza, o la oración en lenguaje de oración, podremos acercarnos a Dios y orar bien. Podremos, también, destruir las fortalezas de Satanás y vivir en victoria.

Ya que vivimos en el mundo, debemos rechazar las tentaciones del maligno y extender el reino de los cielos ganando a las almas. ¡Pero sin la oración no podremos lograrlo! La oración es una gran tarea dada a los creyentes para abatir las fortalezas de Satanás. Esta es la razón por la cual el diablo trata de evitar que los cristianos se dediquen a la oración, y con todo su poder, busca desanimar a los que ya lo están haciendo. Pero si nos decidimos a orar, experimentaremos un gran avivamiento y la gloria de Dios, tanto en lo personal como en nuestras iglesias.

---

*¡Una persona que ore jamás será destruida!*
*¡Una iglesia que ore crecerá cada vez más!*
*¡Una nación y una sociedad que oren*
*prosperarán siempre!*

---

¡Para los cristianos, la primera prioridad es la oración! ¡La segunda es la oración! ¡Y la tercera es la oración! ¡Oremos todo el tiempo rogando que la voluntad de nuestro Padre celestial sea hecha por siempre!

### UN MENSAJE ESPECIAL

Nosotros estamos predicando el evangelio de Jesucristo en un mundo que ha sido esclavizado por Satanás.

En 1 Juan 5:19 leemos: ". . . el mundo entero

está bajo el maligno." Por supuesto que Jesucristo venció al diablo y lo desarmó cuando estuvo en la cruz; sin embargo, el diablo continúa presente en el mundo como león rugiente, buscando a quien devorar. Todavía sigue engañando, robando y destruyendo a los hombres. Sigue, además, confundiendo la mente humana, para que las personas no acepten a Jesucristo como su Señor y Salvador.

Nosotros los cristianos estamos llamados a tomar por asalto a este mundo presente que está en contubernio con Satanás, y a plantar el reino de los cielos en los corazones, dándoles a conocer las buenas nuevas de Jesucristo. Pero, para hacerlo, ¿cuál es la vanguardia del verdadero campo de batalla en el que enfrentaremos a Satanás? La línea de fuego en este campo de batalla es la oración.

En la parábola del sembrador leemos que parte de la semilla cayó junto al camino, parte en pedregales y parte en espinos. En cuanto a la que cayó junto al camino, vinieron las aves y la comieron; el sol quemante marchitó las semillas caídas en el terreno pedregoso porque no había profundidad de tierra; y la presión de los arbustos espinosos ahogó a las semillas. Esto es exactamente lo que hace Satanás.

Si predicamos el evangelio sin el recurso de la oración, su semilla caerá también al lado del camino, en pedregales o entre espinos. Satanás se burla de esto, porque sabe que él mismo quitará la Palabra que caerá en los corazones que son como el terreno "junto al camino". Sabe, además, que la Palabra que caerá en corazones semejantes a terrenos pedregosos se marchitará. ¡Y sabe, también, que los espinos ahogarán la Palabra hasta matarla!

---

**La única manera de convertir el corazón de los evangelizados en "buena tierra" es mediante la oración.**

---

Si el corazón no se convierte en "buena tierra", no importa con cuánto denuedo usted predique, su trabajo jamás tendrá éxito. La única manera de convertir el corazón de los evangelizados en "buena tierra" es mediante la oración. Si movemos la tierra junto al camino, el suelo pedregoso y quemamos los espinos, podremos preparar el terreno para cosechar a treinta, a sesenta y hasta cien por uno.

De la misma manera, si preparamos el terreno del corazón de las personas mediante la oración, obtendremos también una cosecha de treinta, de sesenta y de cien por uno. ¡Es la oración la que convierte el corazón de los oyentes en suelo receptivo! Por esta razón Satanás no se opone a la sola predicación, pero sí con furia a la predicación acompañada de mucha oración.

Sólo a través de la oración podremos derrotar todas las artimañas de Satanás y encontrar receptividad en el corazón de las personas, al sembrar en ellas la semilla del evangelio que establecerá al reino de los cielos en sus vidas. Por lo tanto, hermanos, la primera prioridad es la ora-

ción; la segunda, la oración; y la tercera, la
ORACIÓN. ¡Sin dedicarnos a la oración intensa no
habrá crecimiento en la iglesia! ¡De ninguna
manera! Sin oración no habrá iglesia. ¡Ni soñar-
lo! ¡Esto es algo que bajo ningún concepto podemos olvidar!

*Nos agradaría recibir noticias suyas.*
*Por favor, envíe sus comentarios sobre este libro*
*a la dirección que aparece a continuación.*
*Muchas gracias.*

**Editorial Vida**
7500 NW 25 Street, Suite 239
Miami, Florida 33122

*Vidapub.sales@zondervan.com*
*http://www.editorialvida.com*

Printed in the USA
CPSIA information can be obtained
at www.ICGtesting.com
LVHW03115323O724
785408LV00013B/118